浙江省金融教育基金会 2014 年资助项目

互联网金融发展理论与实践探索

主　编　郭福春　陈利荣
副主编　王　静　许嘉扬

浙江工商大学出版社
ZHEJIANG GONGSHANG UNIVERSITY PRESS

图书在版编目(CIP)数据

互联网金融发展理论与实践探索 / 郭福春，陈利荣主编. — 杭州：浙江工商大学出版社，2017.12

ISBN 978-7-5178-2165-6

Ⅰ. ①互… Ⅱ. ①郭… ②陈… Ⅲ. ①互联网络—应用—金融—经济发展—研究 Ⅳ. ①F830.49

中国版本图书馆 CIP 数据核字(2017)第 105783 号

互联网金融发展理论与实践探索

主　编 郭福春　陈利荣
副主编 王　静　许嘉扬

责任编辑　沈敏丽　刘　韵
封面设计　许寅华
责任印制　包建辉
出版发行　浙江工商大学出版社
　　　　　(杭州市教工路 198 号　邮政编码 310012)
　　　　　(E-mail:zjgsupress@163.com)
　　　　　(网址:http://www.zjgsupress.com)
　　　　　电话:0571-88904980,88831806(传真)
排　　版　杭州朝曦图文设计有限公司
印　　刷　杭州恒力通印务有限公司
开　　本　710mm×1000mm　1/16
印　　张　9
字　　数　171 千
版 印 次　2017 年 12 月第 1 版　2017 年 12 月第 1 次印刷
书　　号　ISBN 978-7-5178-2165-6
定　　价　28.00 元

浙江工商大学出版社营销部邮购电话　0571-88904970

目　录
CONTENTS

第一篇

传统金融之革新

互联网金融视角下商业银行零售业务营销模式的革新与发展探析[①]

浙江金融职业学院金融系　李宏伟

内容摘要：零售业务作为商业银行未来竞争的核心业务，是银行可持续发展的基础和动力，但是，其在互联网金融背景下却深受影响，备受冲击。互联网金融对零售业务的冲击本质上是营销变革带来的冲击。互联网金融的快速发展，对零售业务的发展提出了新的要求，也为其厉兵秣马实现自我革新与发展提供了革命性的强大驱动力，促进了商业银行零售业务营销模式的变革和转型。本文基于互联网金融视角，结合当前互联网金融对商业银行零售业务的影响，从营销创新的角度助力零售业务找到应对互联网金融冲击的发展思路，构建新形势下商业银行零售业务的营销模式，以期为商业银行的革新发展提供有益参考，提升其在零售业务方面的竞争力。

关键词：互联网金融　商业银行　零售业务　营销模式　革新发展

一、引言

互联网的普及和发展是一场前所未有的深刻的社会变革，已经渗透到经济社会的各个领域，成为经济发展和社会运行的基本要素，并与传统产业日益融合。互联网金融作为互联网精神与传统金融行业相结合的新兴领域，无论在广度上还是深度上都以方兴未艾之势在深刻影响和改变着我国传统的金融体系，渗透和撼动着依赖传统业务模式的银行、证券和保险等金融行业的业务乃至商业模式，对居于我国金融体系主体地位的商业银行产生着显著影响。其影响主要集中在零售业务领域。零售业务作为商业银行未来竞争的核心业务，是银行可持续发展的基础和动力，但是，在互联网金融背景下却深受影响，备受冲击。互联网金融对零售业务

---

① 项目资助：浙江省金融教育基金会 2014 年度一般项目（2014Y07）。课题组成员：李宏伟（主要执笔人），郭福春，徐海洁，郭延安，彭叶。

作者简介：李宏伟，1979 年出生，男，讲师，主要研究方向为金融营销。

的冲击本质上是营销变革带来的冲击。营销作为一种企业用来把消费者需求和市场机会变成有利可图的机会的行之有效的方法，也是企业与竞争者博弈以谋求发展的重要方法。互联网金融的快速发展对零售业务的发展提出了新的要求，也为其厉兵秣马实现自我革新与发展提供了革命性的强大驱动力，促进了商业银行零售业务营销模式的变革和转型。

二、互联网金融的主要特征

互联网金融是一种通过互联网技术和移动通信技术等手段，实现融资、支付和信息中介等功能的新型金融服务模式。不同于传统的以物理形态存在的金融活动，互联网金融存在于电子空间中，形态虚拟化，运动方式网络化，与传统金融相比具有以下几个显著特征：

（一）基于大数据的运用

数据是信息时代的重要特征，金融业作为一个与信息服务高度相关的行业，既是数据的重要产生者，又高度依赖于信息技术。互联网金融以大数据、云计算、社交网络和搜索引擎为基础，挖掘客户信息并管理信用风险，主要通过网络生成和传播信息，并运用搜索引擎对信息进行组织、排序和检索，通过云计算进行处理，以有针对性地满足用户在信息挖掘和信用风险管理上的需求，撼动着传统客户关系和抵质押品在金融业务中的地位。互联网金融的实质就是大数据金融。

（二）服务更加高效便捷

随着互联网的普及，尤其是移动互联技术的快速发展，互联网金融能够将服务延伸至网络所能覆盖到的大部分区域，金融产品交易可以随时随地进行，突破了时间和地域的限制。同时，得益于大数据分析技术的发展，计算机能够对业务进行快速的批量化处理，使互联网金融能够直接以点对点交易为基础进行金融资源的配置，资金和金融产品的供需信息在网上发布并匹配，供需双方可以直接联系和交易，金融服务更加高效便捷。

（三）具有普惠金融属性

由于不受营业网点和人员等因素的影响和制约，互联网金融能将更多精力投入“二八定律”中80%的小微客户——主要以小微企业和个体工商户为主的客户开发上，覆盖部分传统金融服务的盲区，客户基础更为广泛。同时，在服务小微客户方面，互联网金融也有着先天优势，能高效解决小微客户既小额又个性化的金融需求，提升资源配置的效率，能让更广泛的人群通过网络享受到种类更多、更优质的金融服务，凸显普惠金融的属性。

（四）金融服务低成本化

互联网金融能够充分利用电子商务、第三方支付和社交网络等形成的庞大数据库和数据挖掘技术,使资金的供需双方通过网络平台就能自行完成信息的甄别、匹配、定价和交易。对金融机构而言,一是无须设立众多的分支机构和雇用大量人员;二是与传统的贷前调查、贷时审查和贷后检查的“三查”相比,成本更低,速度更快,大幅降低了运营成本。对消费者而言,通过网络就能快速找到合适的金融产品,交易成本也大大降低。

三、互联网金融的发展趋势

伴随着社交网络的繁荣、移动互联网的兴起,以及大数据和云计算等信息技术的日新月异,互联网金融得以快速发展并成为一种潮流,主要呈现以下三大发展趋势:

(一)支付方式的移动化

移动通信技术和设备的迅猛发展,尤其是智能手机的广泛普及,颠覆性地改变着人们的生活方式和消费行为。互联网、金融和移动通讯相结合催生出的移动支付这一行业得到日益蓬勃的发展,金融支付方式经历着从“线下”到“线上”,从“线上”到“移动”支付的变化。移动支付方式发展的日渐成熟,改变着传统的商品交换模式,助推着传统金融服务模式的变革发展。移动支付将在金融服务体系中发挥重要的乃至主导的作用。

(二)信贷业务的网络化

大数据的兴起使互联网征信成为可能,越来越多的法人或个人通过具有资质的独立的第三方网络平台进行借贷活动。一方面,借款人可以充分运用大数据分析与挖掘技术,基于交易数据提供的信用评估向贷款人发放贷款;另一方面,贷款人也可以通过网络平台找到利率条件较为优惠的借款人,从而大幅降低借贷双方信息的不对称性和交易成本。信贷业务的网络化将成为互联网金融的主要发展趋势,大大提升了信贷服务的便利性。

(三)众筹融资的自金融

在互联网金融时代,项目资金的需求者利用网络良好的传播特性,通过众筹网站发布文字、图片或视频等项目的介绍资料向投资人募集资金,投资人根据自己的兴趣有选择地进行投资,这就取代了原有的机构渠道融资方式,实现了资金供需双方的直接投融资,便捷、高效地解决了融资方面的金融需求。在利率市场化和金融“脱媒”的背景下,众筹融资的自金融得到了快速发展。随着互联网金融发展的深入,众筹融资方式将会是未来项目融资的一种主要方式。

四、互联网金融对商业银行零售业务的影响

零售业务是商业银行为消费者个人和小企业提供的金融产品或服务,主要包

括存取款、贷款、结算、汇兑和投资理财等业务。作为商业银行可持续发展的基础和动力，零售业务在互联网金融时代却深受影响、最受冲击，主要表现在以下几个方面：

（一）争夺零售业务的具体领域

1. 弱化商业银行的支付中介功能

传统商业银行一直是以支付中介的角色存在的，支付结算业务作为银行为客户提供的最基础的金融服务，是银行联系客户的纽带，其发展状况直接关系到银行的整体运营和生存状态。随着互联网和电子商务的蓬勃发展，独立于银行和商户，为商户和消费者提供支付结算服务的第三方支付行业应运而生，并能基于海量用户的数据积累，根据用户在金融服务方面的需求和偏好，为客户提供个性化服务，应用范围从开始的满足网上购物、电费代缴和话费充值等简单的支付需求逐步渗透到转账汇款、小额信贷、资金管理和金融产品代销等银行的核心业务领域。第三方支付平台凭借其方便快捷的支付体验，以较低的价格甚至是免费为客户提供与银行相同或相近的服务，冲击和影响着传统商业银行的支付结算模式，迅速抢占银行的市场份额，加速弱化商业银行的支付中介功能。截至 2015 年 3 月 30 日中国人民银行共发放了 270 张第三方支付牌照，艾瑞咨询的统计数据显示，第三方支付以新兴的移动支付为例，2014 年的市场交易规模就达到 59924.7 亿元，较 2013 年增长 391.3%，呈爆发式增长态势。互联网金融的快速发展，加速弱化商业银行的支付中介功能。

2. 冲击商业银行的小微信贷业务

信贷业务作为商业银行主要的盈利手段，对银行的发展起着至关重要的作用。当前，数量庞大的小微企业已经发展成为我国国民经济的重要支柱，是推动经济发展的主要生力军，发展面向小微企业的信贷服务是商业银行实现信贷收益最大化目标的重要手段。但是，由于小微企业资产规模较小，抵御风险和盈利能力较差，偿债能力和信用水平较低，且对信贷具有金额小、周期短、时间急和频率高等需求，商业银行基于信贷风险和交易成本等因素考虑，经常对小微企业惜贷慎贷。互联网金融实际就是互联网信贷，一方面，互联网企业通过网络平台积累的信用信息，依托大数据分析来主动识别信贷风险，通过改变传统的抵押担保等措施来控制风险的模式，使小微企业可以获得免担保的信贷支持；另一方面，互联网企业依托网络实现信贷申请、审批和放款等业务流程批量化的线上管理，能低成本、快捷高效地为小微企业提供信贷支持；再者，互联网企业还能根据小微企业的特点，量身打造服务模式，进行产品设计，以满足小微企业多样化和个性化的信贷需求。根据艾瑞咨询的调研数据显示，2014 年我国有 41%的网民申请过贷款，通过线上渠道申请的占 30.3%，这其中，银行网络渠道占比为 13.2%，而电商平台、P2P 小额信贷以及金融搜索平台等线上申请占比合计达 17.1%，互联网信贷模式对商业银行小微信贷业务造成了不小的冲击。

3. 分流商业银行的活期存款业务

存款作为商业银行信贷资金的主要来源，是银行生存的根本，对仍以存贷利差为主要盈利模式的商业银行来说起着极其重要的作用。在互联网金融时代，以余额宝为代表的高回报率的互联网理财产品一经推出，便以凌厉之势冲击着商业银行的存款业务，使存款中成本最低、最优质资金来源的活期存款不断流失。相较于银行理财，互联网理财一是具有准入优势，与银行动辄 5 万元的最低投资门槛相比，互联网理财基本没有门槛限制，最低 1 元就能让普通大众也参与到理财中来，成为普惠金融的受益者；二是具有信息优势，依托网络，投资者可以快速高效地获取全国各地乃至全球的财经信息和权威研究报告等，一定程度上解决了投资者和理财产品之间的信息不对称问题；三是具有成本优势，互联网理财可以在较短时间内聚合大量投资资金和资金需求者，节省了运营成本，使服务供应商能降低服务费用，提高投资收益，惠及投资者；四是具有效率优势，通过网络，投资者足不出户就能进行理财产品的认购、申购、赎回和转换等一系列操作，没有时间和地域限制，节省了投资的时间成本，提高了理财效率，服务更加方便快捷。2013 年 6 月余额宝正式上线，该理财产品一经推出就呈现爆发式的增长态势，截至 2014 年 1 月，仅半年时间，客户数就已超过 4900 万，规模超过 2500 亿元。在余额宝获得成功的带动下，互联网公司相继推出类似的互联网理财产品，并凭借其高收益和便捷性吸纳了巨量的活期资金。同期中国人民银行的统计数据显示，2014 年 1 月银行存款骤降了 9402 亿元，这其中互联网理财产品对活期存款的分流占了相当的比重。

（二）动摇零售业务的客户基础

客户作为零售业务的基础，它的多寡和优劣体现着商业银行市场竞争力的强弱，从来都是银行争夺的首要目标。但是在实际经营中，商业银行奉行帕累托法则（二八定律），往往将更多精力放在 20%高价值客户的开发上，强调最低起存金额、投资起点金额和最低贷款限额等，以期获得 80%的收益。因此，尽管商业银行掌握了海量的客户资源，但是对 80%的普通客户却并没有给予足够的重视，他们既小额又个性化的金融需求往往得不到满足。而互联网金融则是针对这 80%"长尾"客户特性而出现的一种商业金融模式，其以小微客户为突破口，选定"长尾效应"中的小微企业和大众客户作为服务对象，在互联网金融模式下，客户突破时间和地域的限制，通过网络寻找适合自己的金融资源，获取有用的信息，高效快捷地进行金融交易。互联网金融使那些被商业银行长期忽视的客户能够获得更多、更好的金融服务，集合了更为广大的客户群体。互联网金融的核心内涵就是服务大众、客户至上和规模致胜。支付宝公司公布的统计数据显示，截至 2015 年 4 月，支付宝实名用户就已经超过 3 亿人，支付宝钱包活跃用户超过 2.7 亿人，相较于 2014 年 10 月的 1.9 亿人，半年时间，支付宝钱包活跃用户就增长了约 8000 万人，2014 年平均每月的增长数就高达近 1500 万人。而同一时期，商业银行的大众客户数量却呈现下降趋势，以国内互联网金融发展“高地”的杭州为例，截至 2014 年 6 月 30 日统计数据显示，仅中国建设银行杭州分行 0.2 万—5 万元的金融资产客户较年初就下降了 4%—5%，而且这种下降趋势仍在继续，大量的大众客户由商业银行向互联网金融领域分流，动摇了商业银行零售业务的客户基础。

（三）替代零售业务的服务渠道

数量庞大的银行网点作为商业银行最基层的物理经营单位，既是银行服务客户的窗口，也是银行零售业务服务渠道的基石。当前，随着互联网金融的快速发展，商业银行网点在互联网金融的冲击和影响下，缺点和弊端也日益显现，除受服务时间和空间的制约外，还存在以下三个方面的不足：一是银行网点自身缺乏特色，不同银行的网点功能大体相同，基本属于传统的结算交易型，没有根据客户群的不同需求进行设置，业务种类也缺乏创新，很难吸引客户到网点办理业务；二是银行网点的营销服务水平没有提高，大部分网点沿用“坐商”服务模式，坐等客户上门，且营销手段单一，缺乏个性化服务，线上线下的营销服务整合较弱，导致网点服务质量不高，客户办理业务需要较长时间的等待，且交易流程复杂，客户体验感差；三是银行网点基于移动互联等技术的创新滞后，网点工作人员仍然主要依靠 PC 机来办理业务，缺乏平板电脑、移动互联网和物联网等新兴技术的配套支持，无法实现服务的便捷化，严重影响客户的服务体验。而互联网金融依托移动互联等技术，可以全天候、跨地域、24 小时不间断地向客户输送高效、便捷的金融服务，且更加注重客户体验，强调开放共享、交互式营销以及新技术与金融的深度融合，以最大限度地为客户创造便利、轻松的服务体验。这里以中国工商银行为例，2014 年工行的个人网银客户就已经突破 1.6 亿户，手机银行客户突破 1 亿户，工行大多数投资理财产品均通过互联网渠道销售，外汇和贵金属等网上交易占比更是高达 99%以上，工行电子银行渠道处理的业务量已经超过全部业务量的 79%，相当于替代了 30000 余个物理网点。互联网金融大有替代商业银行零售业务服务渠道之势。

五、互联网金融视角下商业银行零售业务营销模式的革新与发展

互联网金融对商业银行零售业务的影响是显而易见的，其本质是营销变革带来的冲击，商业银行应革新当前零售业务的营销模式，从营销创新的角度找到应对互联网金融冲击的发展思路，本文主要从以下六个方面给出一些对策或建议：

(一)要构建基于大数据的精准营销体系

信息是金融的核心,是构成金融资源配置的基础,对于商业银行来说,客户信息就是财富。商业银行拥有数量众多的客户,并在多年的业务发展中掌握了大量的客户信息,但是对这些信息数据的利用很有限,缺乏完备的个人客户档案和数据库,导致银行缺少对客户进行细分的信息基础,因而不能做到精准营销。商业银行要能通过充分发掘客户大数据以提升自身的市场分析能力和客户需求分析能力等,以期为银行开展零售业务营销提供强有力的数据技术支持。因此,商业银行应重视自身掌握的海量的客户信息和客户交易记录,并能充分发挥数据信息在互联网金融时代客户开发方面的重要作用,这就要求银行要有大数据的理念,能将银行内部组织架构中,分散于不同业务系统的数据信息进行整合,构建大数据仓库,建立数据挖掘分析模型和系统,对客户的基本信息、交易行为、信用情况、投资消费偏好和风险偏好等大数据进行关联分析,这样既可以将分析结果应用于零售产品和服务的开发与创新,又能准确掌控客户行为,洞察客户情感,识别客户需求,为后续开展精准营销奠定基础。

(二)要实施差异化的客户营销策略

客户始终是商业银行零售业务最重要的战略资源,银行竞争归根到底是对客户资源的竞争。商业银行零售业务的本质是要强调差异性,即针对不同人群、不同需求提供差异化的金融服务。这就要求商业银行瞄准与银行能力相匹配的细分客户群、地域和产品线,抓住高增长的业务领域和发展机会。在互联网金融时代,差异化竞争是必由之路。商业银行要根据市场细分理论,从市场调查出发,根据客户的年龄、性别、收入和消费行为等特征,进一步细分市场,然后根据各类客户的不同金融需求、动态细分客户群体,不断丰富产品功能。商业银行要清楚自身的客户定位,要能根据大数据细分客户类群,聚焦高端客户和大众客户,对每类客户施以不同的营销模式和策略,针对高端客户要以专业团队、定制产品来个性化经营,针对大众客户则应以低成本渠道、标准化产品来批量化经营,以让不同客户真正体会到银行零售产品和服务的特别之处。

(三)要加快进行零售业务的业务转型

当前各家商业银行的零售业务不管是业务种类还是功能都基本相同,各行之间的产品同质化严重,仅在费用上有所区别,银行之间主要靠价格进行竞争,缺少对特色产品的开发。一方面,商业银行在存贷业务方面要重视零售业务客户群体,努力与这些客户建立密切的客户关系;另一方面,商业银行还要加快发展中间业务,开发更符合客户需求的中间业务产品,以减少对传统存贷业务的依赖,加快进行零售业务的业务转型。

（四）要树立“以客户为中心”的核心营销理念

商业银行的经营理念应由过去的“以产品为中心”向“以客户需求为中心”进行转变，在营销过程中始终贯彻“以客户需求为中心，以市场为导向”的营销理念。商业银行要紧跟客户需求的变化，全面把握客户需求的发展趋势，定期开展包括客户金融需求、客户满意度等在内的一系列详尽的市场调查，以客户需求为出发点设计和调整产品和服务模式，不断推出新的金融产品和特色化服务，努力提高银行满足客户个性化需求的经营能力，改善和巩固银行与客户之间的关系，提升客户的忠诚度，以不断扩大银行的客户规模和经营利润。

（五）要真正重视客户体验

随着互联网金融的兴起，银行与互联网金融的竞争已经真正进入了“客户体验”阶段，谁能在体验经济上实施更多的创新，谁就能掌握竞争的主动性。传统商业银行的零售业务产品和服务很少从客户的角度思考，同时业务办理流程烦琐、耗时较长，与客户追求快捷、有效的购物过程相违背。互联网金融的成功主要在于其开发的产品更加符合客户的需求，属于个性化产品。产品在形式设计上新颖，能够吸引客户的眼球；在操作上简单、便捷，能够让客户做到有效购买，因而获得客户的青睐。这就要求商业银行不仅在产品和服务的设计上要能更加符合客户的需求，而且在业务流程的安排上也要能够提高客户的体验度。在开展零售业务营销过程中还要密切与客户之间的关系，运用关系营销策略，重视客户服务，并致力于建设与客户之间长期、稳定的关系，这种关系要超越买卖本身，使交易过程得以延续，不断提升客户体验的满意度。

（六）要推进银行网点渠道的转型发展

目前商业银行主要依托物理网点开展零售业务营销，相较于互联网金融，银行物理网点运营成本较高且经营效率较低。随着互联网金融的发展，网点零售业务加速“被动分流”，这也要求商业银行的物理网点加快转型发展。一是要转变金融产品和服务的展示模式，工作人员在网点演示、宣传和推介银行互联网线上产品，让客户知晓、会用和善用移动金融产品，吸引客户去网点办理专业化、个性化的金融服务；二是要转变金融业务处理模式，银行通过推行网上银行、手机银行等进行业务预填、业务预约，并能对线上预处理的客户实施优先、差异化服务，一方面可以提升网点业务办理的效率，以提升客户到网点办理业务的服务体验，另一方面网点也可以根据线上预处理情况对线下的窗口、人员等资源进行优化安排，以提升资源的使用效率；三是要转变客户服务模式，将简单、标准的产品和服务放到线上去销售，并依托线下网点和专业人员做好业务支持和信息反馈，加速线上线下相互融合，以提升银行网点的专业服务能力。

六、总结

互联网金融的发展已然是必然之势，作为未来商业银行竞争核心的零售业务面临着互联网金融的冲击和挑战。但是，我们必须认识到：互联网金融虽然是金融行业与互联网行业相互融合的新兴领域，但是其只不过是金融机构借助新的载体、新的渠道和新的技术，在遵循原有的内在原理、规则和机制的基础上进行的传统银行的交易行为，互联网金融的本质仍然是金融，互联网变革的只是金融的服务方式，而并没有创造出新的金融模式，传统商业银行仍然是中国金融的主体力量。然而，变革是必然趋势，也是商业银行的生存之道。商业银行零售业务要能顺应互联网金融时代发展的需要，紧跟时代潮流，借鉴和学习互联网思维，适时进行革新发展，以跟上时代发展的步伐。

【参考文献】

[1] 郭福春，陶再平. 互联网金融概论[M]. 北京：中国金融出版社，2015.

[2] 宗良. 全球互联网金融呈三大发展趋势：银行业传统模式将变革[EB/OL]. (2013-10-25)[2017-01-06]. http://finance. ce. cn/rolling/201310/25/t20131025_1664054. shtml.

[3] 那涵坤. 互联网金融背景下国有商业银行零售业务营销研究[J]. 时代经贸，2014(4).

[4] 张剑宇. 互联网金融时代提升高端客户体验的思考[EB/OL]. (2014-01-26)[2017-01-06]. http://money. hexun. com/2014-01-26/161784722. html.

[5] 姜欣欣. 客观认识互联网金融与商业银行的替代边界[N]. 金融时报，2015-07-13(2).

[6] 严圣阳. 论互联网金融对传统商业银行的冲击——以余额宝为例[J]. 人民论坛，2015(3).

[7] 吴君，邸鼎，李超. 互联网思维对零售银行业务的启示[J]. 辽宁经济，2015(4).

邮政金融应对互联网金融的对策研究[①]

浙江金融职业学院金融系　王德英

内容摘要：本文在介绍互联网金融特征和邮政金融现状的基础上，从网点职能被弱化，网点优势被削弱，发展基础被削弱，收入来源被冲击，渠道优势被淡化等方面分析了互联网金融对邮政金融的冲击，建议邮政金融可以从顶层设计、经营体系及网点功能转型、挖掘和培养复合型人才等方面应对互联网金融所带来的冲击。

关键词：邮政金融　互联网金融　机遇　策略选择

一、互联网金融特征

互联网金融是借助于互联网技术、移动通信技术实现资金融通、支付和信息中介等业务的新兴金融模式。互联网金融拓展了虚拟金融的范畴，弱化了银行传统基层网点的功能。互联网金融基本涵盖了当前基层网点的所有功能，包括支付结算、信息收集、资源配置、产品营销等，但成本却远低于基层网点。可以预见，互联网金融模式的兴起和发展将给邮政储蓄基层网点的建设与发展带来革命性影响。互联网金融的主要特征如下：

（一）突破时间空间限制，实现不间断金融服务

互联网络突破了时间和空间的界限，加上后台现金技术的支撑，金融交易可以实现7×24小时全天候服务，这是以往依赖物理网点的传统金融所无法比拟的。借助于互联网金融，客户的金融需求可以随时随地得到满足。

（二）大数据海量处理，交易成本低

近年来，高速发展的电子商务平台积累了海量客户信息数据，为互联网金融奠定了比传统银行更为广泛、更加精细的客户资源基础。在供需结构简单、经营相对

---

① 项目资助：浙江省金融教育基金会2014年度一般项目（2014Y06）。课题组成员：王德英（主要执笔人），赵国忻，方宜霞，吴蕴赟。

作者简介：王德英，1980年出生，女，讲师，主要研究方向为邮政金融、互联网金融。

单一的微型企业及小额消费信贷方面，互联网金融发挥作用的空间更大，例如流水线批量处置小微企业贷款。在这种金融模式下，便捷的支付方式、搜索引擎和社交网络能够降低信息处理成本，资金供需双方直接交易，可实现比目前资本市场直接融资和银行间接融资更高的资源配置效率，并在促进经济增长的同时，大幅降低交易成本。统计数据显示，阿里金融网上单笔小微信贷操作成本仅为 2 元左右，而类似实体银行单笔信贷操作成本一般在 2000 元左右，二者之间可谓有天壤之别。

（三）数据挖掘深入，风险控制精确高效

互联网金融在运作模式上更强调互联网技术与金融核心业务的深度整合，凸显其强大的数据信息积累与挖掘优势；通过将电子商务行为数据转化为信用数据，并整合其他渠道信用信息，以此为依据控制信贷风险。信息覆盖的完整性和全面性，使得互联网金融对信贷风险的把控比商业银行的传统做法更为精准和高效。

（四）群众基础好，发展异常迅速

近年来，互联网金融业务迅速、高效、便捷的特点和优势弥补了传统银行融资渠道的不足，受到中小微企业和个人投资者的欢迎，被广泛使用，并呈爆发式快速发展趋势。截至 2015 年 6 月份，推出仅三年的余额宝规模为 6133 亿元，超过了杭州市绝大多数中小金融机构的资产规模（如杭州银行，总资产规模为 3500 亿元左右）。在互联网金融时代，社交网络、电子商务、第三方支付、搜索引擎等形成了庞大的基础数据量，云计算和行为分析理论使大数据挖掘成为可能，数据成为互联网时代的战略资产，成为银行金融机构争先掌控的资源。未来若干年后，在互联网思维和精神的再造下，将形成一个既不同于商业银行间接融资，也不同于资本市场直接融资的第三种金融运行机制，可称之为“互联网直接融资市场”或“互联网金融模式”，新的金融时代将由此开启。

二、邮政金融现状

邮政金融是指利用邮政网络办理的金融业务，它依托于邮政网点遍布城乡的网络资源和信誉资源，直接为城乡广大居民服务，因此邮政金融机构素有“平民银行”与“普惠银行”之称。截至 2015 年 6 月末，邮政金融服务个人客户 4.88 亿户、公司客户 58 万户，是全国服务客户数量最多的金融机构。在信贷投放方面，过去 8 年，邮储银行信贷业务快速发展，年平均增速达到 45.3%，整体存贷比已达 38.9%，预计在未来 3 至 5 年内，邮储银行存贷比将达到或接近国有大行平均水平。但是，随着互联网金融的发展及利率市场化改革的推进，在高手如林的市场竞争中，邮政金融的劣势越来越明显。

（一）渠道竞争优势不明显

邮政金融物理网点众多，大多数分布在农村，网点（尤其是农村邮政金融网点）

的地理位置偏僻,布局不合理,不具有竞争优势,网点硬件条件也不高,仅能够满足客户的基本金融需求。同时,当前互联网金融与自助渠道快速发展,而邮政金融的自助设备、网上银行、手机银行还不能完全满足客户的个性化需求。所以,物理网点和自助渠道在布局、功能方面的欠缺,都在一定程度上影响着邮政金融在金融市场的业务拓展和市场开发。

(二)产品相对单一,创新能力不足

随着时代的发展,年轻客户对金融的需求将更加多样化、个性化和一体化。但邮政金融目前的产品相对单一,在对公业务和银行资产业务的发展上有一定的"先天不足"和"后天限制"。同时,相对于其他大型商业银行而言,邮政金融在产品和服务的创新研发上也相对欠缺,一直采取相对保守的追随他行发展的策略,与他行的产品同质化现象较多,赢利能力较弱。

(三)营销能力薄弱,客户经理专业性不强

客户金融需求的多样性在对邮政金融的产品和服务提出考验的同时,也要求邮政金融必须有专业素质过硬、从业经验丰富的客户经理为其提供个性化的金融服务。目前邮政金融从业人员的综合素质还普遍较低,且人员流动性较大,不利于企业在金融市场的长足发展。

三、互联网金融对邮政金融的冲击

互联网金融的载体是虚拟网络,人们无须通过基层网点即可完成金融供需交易。无论成本还是效率都是基层网点所无法比拟的,这给邮政金融的基层网点带来了极大冲击。

(一)金融脱媒加快,网点主要职能被弱化

互联网金融本质上是一种直接融资方式,人们能够方便地查阅交易对手的交易记录,全面、深入掌握对手信息。在这种模式下,客户能够突破地域限制,在互联网上寻找需要的金融资源,交易双方无须通过银行或交易所等中介机构,便可通过网络平台自行选择适合的金融产品,只需动动手指即可完成信息甄别、匹配、定价和交易,方便快捷,去中介作用明显。互联网金融提高了资源配置效率,加剧了金融脱媒。邮政金融基层网点最基本的职能就是金融中介,通过吸纳存款,提供各种金融产品,为金融市场的供求双方搭建桥梁。但互联网金融通过网络渠道在较大程度上替代了银行网点这座桥梁,从而使邮政金融基层网点中介职能逐步被弱化。

(二)客户群体庞大,网点发展基础被削弱

目前,中国人民银行为约 270 家第三方支付企业颁发了支付业务许可证。互联网支付结算既能为客户提供互联网支付、移动支付、电话支付,又能为客户提供银行卡收单以及跨境支付等全方位支付解决方案。市场普遍预计,网上支付金额在3—5年内有望超过线下支付金额。因此,第三方支付或将逐步削弱甚至替代邮政储蓄基层网点支付结算平台的地位。

(三)信息成本降低,网点经营优势受到冲击

传统金融模式下,信息资源分散庞杂,数据难以得到有效处理与应用。互联网金融模式下,人们利用"云计算"原理,可以将不对称、金字塔型的信息扁平化,实现数据的标准化、结构化,提高数据使用效率。金融机构获得投资企业,特别是小微企业的信息成本较高,收益与成本不匹配。互联网金融通过社交网络生成和传播信息,任何企业和个人的信息都会与其他主体发生联系。交易双方通过互联网搜集信息,能够较全面地了解一个企业或个人的财力和信用情况,降低信息不对称的风险。当贷款对象违约时,互联网金融可以通过公开违约和降低评级信息等方式,增加贷款对象违约成本。

(四)邮政金融的收入来源受到蚕食

一是影响邮政金融的传统利差盈利模式。余额宝的诞生正在动摇商业银行和邮政金融的根基,银行活期存款利率与货币基金收益相差高达数倍,这会导致银行活期存款下降,分流银行客户。二是触及邮政金融的中间业务收入。随着利率市场化改革的推进,邮政金融存贷利差空间逐渐变小,中间业务在收入中的重要性日益加强。支付宝、财付通、拉卡拉、快捷支付等第三方支付平台凭借其快捷方便的优势挤压邮政金融的中间业务,形成了巨大的替代效应。三是抢占邮政金融的小微市场。多年来,邮政金融致力于转变业务结构,做好小微市场,把服务中小企业和城乡居民放在了战略位置上,通过产品创新带动中间业务的发展,使小微企业和零售业务在邮政金融的业务比重提高很快并获取了丰厚的回报,树立了良好的社会形象。但是,现在互联网金融将目光瞄准了小微企业,将与邮政金融一起共享小微市场这一块蛋糕,如果不能在短时间内将蛋糕做大,无疑将给致力于为小微市场提供优质、高效服务的邮政金融带来较大挑战。

(五)供求渠道拓展,网点渠道优势被淡化

邮政金融传统的经营方式依靠覆盖全国范围的庞大基层网点、完善的基础设施和成熟的IT基础构架。基层网点是邮政储蓄营销产品、完成结算、获取存款的主要渠道。覆盖全国范围的庞大基层网点保证了邮政储蓄极高的市场占有率和强大的市场竞争力,可以说基层网点承担了邮政金融主要的经营任务。而互联网金融正快速地引导银行客户从柜台转向网络和移动端,尤其是电商企业介入贷款、理财等银行核心业务,导致邮政储蓄银行的主渠道作用被逐渐弱化。

四、邮政金融应对互联网金融的策略选择

互联网金融的发展虽然对邮政金融的经营服务模式带来了挑战,但同时也带

来了一定的机遇。邮政金融必须谋求改变，从战略上加紧布局，抢占发展先机。

（一）总行层面要做好顶层设计，早日搭建应对平台

1. 公司化运作电商金融

电商金融是互联网金融的战略高地，要求市场反应最灵敏、创新效率最高、客户体验最佳、资源配置最好、金融业务最综合，建议通过控股第三方支付公司，直接参与市场竞争，前移金融服务。

2. 注重行业研究

加强对互联网形态下的市场和客户研究，高度关注同业互联网金融发展动向，密切跟踪同业经营理念、机制的变革和成功商业模式的创新进展，吸取经验，力争超越，探索符合邮政储蓄实际情况的互联网金融发展模式。

3. 拥抱大数据

构建开放性、可扩展性的数据仓库，打造基于数据云服务、应用云服务及基础云服务的IT服务架构，夯实互联网金融的数据基础。通过大数据分析构建银行数据服务体系并深度挖掘，不断适应并创造客户需求，增强客户黏合度，做到比客户更了解客户，拉近银行与客户之间的业务关系。

4. 设立互联网金融考核指标

设立产品的网络销售占比、客户的网络营销占比、流程的网络化操作占比等互联网金融考核指标，对包括电子银行部在内的各条线进行考核。同时，将目前互联网金融相关经营计划由电子银行部单独承担，改为由电子银行部与相关部门共同承担，业务收入共同体现。目前，全国微信用户在4.5亿人左右，是储蓄、理财、电子银行等众多业务的目标客户群体，总行要借助互联网技术，开发微信金融服务平台，借助微信平台的资源和数据拓展银行业务。

（二）建好互联网化的经营体系

1. 建好多维营销体系

一是全面采集客户信息，整合全行系统，构建身份唯一、信息全面和多维度展现的客户全景信息视图，实现电子银行客户“四统一”（统一客户标准、统一客户签约、统一客户登录、统一客户服务）；二是构建开放性、智能化、前后台联动的智慧网点体系，通过智慧网点建设，将客户经理、产品经理、理财顾问及第三方专家支持等营销资源融入互联网金融生态圈，进而转变为强大的线上营销优势，形成O2O营销模式，强化业务经理营销电子渠道，电子渠道营销全行产品的格局；三是利用自建金融生态圈，开展形式多样的线上营销活动，主动联系优质商户组织联合营销，并与社交媒体合作，借助网站、微博、微信等社交方式开展口碑营销，打造邮政储蓄银行互联网金融知名品牌；四是加强数据挖掘利用，建立信息“留痕”机制，引入数据分析挖掘模型，深化数据采集和共享，记录客户在各个接触点发生的信息数据，

捕捉并分析客户资产、交易和浏览数据,依据客户消费习惯和行为偏好实施精准营销。

2. 建好产品组装体系

一是建设产品工厂,通过可组合、标准化、参数化的产品组件,实现产品的快速组装和服务方案的按需定制;二是建设互联网金融创新实验室,开展创意孵化和产品试用;三是建设分布式体验银行,开展现实体验,改进产品服务。

3. 建好弹性运营体系

建立全行统一的互联网金融集中运营专门机构,推进运营四化:注册自动化、运营集中化、服务3A化、响应实时化。

(三)坚持存款立行,着重把握三个点

一是把握客户要点,在客户总资产上,顺应存款理财化趋势,从"余额+中间业务"深化为"余额+基金理财+中间业务",农村市场以"余额+理财"为主,中间业务作为外拓手段,城市市场以"理财+中间业务"为主,余额维稳;二是把握渠道重点,完善VIP客服体系,提高理财经理对中高端客户的维护能力,盘活基础客户,实现资产升级;优化自助环境,加快CRS、ATM和离行式自助银行建设,改善客户用卡环境;三是把握时间节点,根据客户需求呈现的阶段性特点,结合每项业务需求,分段推动、分区发展、分节点推进,促使邮政金融各单项业务均衡发展。

(四)加快网点转型,提高核心竞争力

一要坚定网点转型的信心和决心;二要切实按照上级拟定的网点转型完成时间表来推进;三要各下级齐心协力按照上级规定的网点转型各项要求来实施,不能走过场。邮政金融网点要真正通过经营理念、管理模式、工作流程的转型,最终实现流程管理、客户管理和目标管理,促进代理金融的可持续发展。

(五)坚持长尾理论,主抓中低端客户

邮政金融一直在尝试发展更多的VIP客户,但因各大商业银行为争取优质高端客户而不惜成本地"血拼",邮政金融的VIP客户开发工作几乎停滞不前,有的地方甚至还有倒退。目前邮政金融在优质高端客户竞争上面临成本过高的压力,因此转向追求更多的中小客户;尽管某个中小客户不能带来高额利润,但由于中小客户数量众多,聚合起来将形成一个完全可与大客户抗衡的大市场。因此,邮政金融在不放弃抓好高端客户的同时,重点要抓好中低端客户的发展,使80%甚至更多的中小客户成为邮政金融发展的长"尾巴"。

(六)以客户为中心,大力转变网点功能

邮政金融基层网点应加快产品、服务和渠道资源的整合。加快基层渠道向网络渠道建设为主的转型步伐,建立区域全覆盖、客户全触及、市场全掌握的立体化电子渠道服务网络,全力抢抓竞争先机、占领市场高点,真正从以银行为中心向以客户为中心转型。一方面，加大转账商易通、POS机、柜员机等自助银行布点力度，特别要加大对金融资源富集区域的进驻力度；另一方面，要加强网上银行、手机银行、微信理财、IC卡等产品营销。尤其是电子银行业务要通过绩效杠杆，加大网点客户经理对客户柜面交易向网银等电子渠道迁移的引导力度，提升客户体验和交易活跃度；特别是通过战略联盟渠道实现与同业、垄断性客户的互享共通，助力营销；通过精心打造新农保、新农合、农商通、新城保、现金管理系统、电子商务等服务平台，确保“网”住有效商机，“络”收有效客户。

（七）加大技能培训，发掘和培养复合型人才

互联网金融的科技属性和金融属性对人才提出了更高要求。目前，邮政金融员工的知识结构一般是纯经济金融专业或纯计算机专业，缺乏既懂数据建模，又精通计算机网络技术，而且熟悉银行业务运行和管理决策的复合型人才。招聘时要偏重于复合型人才，也要加强对金融专业人才的科技知识培训以及科技专业人才的金融业务培训，大力培养集多种知识技能于一身的互联网金融复合型人才，为网点输送能够熟练掌握信息系统、应用系统、数据分析系统的专业人员，逐步提高专业人才比重。

【参考文献】

[1] 谢平，邹传伟，刘海二. 互联网金融手册[M]. 北京：中国人民大学出版社，2014.

[2] 李麟，钱峰. 移动金融：创建移动互联网时代新金融模式[M]. 北京：清华大学出版社，2013.

[3] 陈霞，梁艳彬. 中小银行应对互联网金融的思考[N]. 金融时报，2014-03-31(3).

[4] 程惠霞. 基于SWOT分析的中小金融机构发展模式研究：以浙江台州商业银行为例[J]. 现代经济探讨，2013(6).

[5] 黄玺. 新形势下我国中小银行的可持续发展研究与思考[J]. 金融经济，2013(5).

泛资管时代浙江信托组织的创新研究
——基于互联网金融的视角①

浙江金融职业学院投资保险系　李　武

内容摘要：“泛资管”时代，资产管理市场的效率提高了，这推动了产品创新。本文首先从广义的信托组织（即互联网组织）概念出发，阐述信息社会最基本的经济组织即是信托组织，指出互联网组织或信托组织，就是人类社会组织发展的新起点。其次基于互联网金融的视角，考察浙江省互联网金融主要的组织模式，探索归纳出几种创新模式。最后从狭义的信托产业组织的角度，借鉴互联网金融的模式，阐述产业组织创新对信托行业的影响，并提出相应的对策。

关键词：泛资管　浙江信托组织　互联网金融

信托组织（即互联网组织）聚集资源的规模、速度和范围是史无前例的，互联网金融的组织创新大致有几类模式。浙江互联网金融行业的飞速发展正是适应了这个潮流。泛资管时代，信托行业与互联网金融的融合也大有可为。

一、信托组织，即互联网组织

组织的本质，是人类社会为了解决延续、生存和发展的基本问题，解决在个人能力的有限性与个人和社会需要的无限性之间的矛盾而采取的措施，是人类利用不同资源（包括人类自身、人类所创造的知识科学技术，以及自然资源，例如人力资源、资本、科学技术知识、生产工具、土地等）的方式。

（一）人类社会三次组织革命

人类社会经历了如下三次组织变革。

组织形态的第一阶段：家庭组织阶段。

---

①　项目资助：浙江省金融教育基金会2014年度一般项目（2014Y13）。课题组成员：李武（主要执笔人），王苗军。

作者简介：李武，1971年出生，男，讲师，主要研究方向为金融市场。

组织形态的第二阶段:公司组织阶段。

组织形态的第三阶段:信托组织或互联网组织阶段。

信托组织形态的第一级,在目前来讲就是大家普遍所说的互联网组织形态。这是人类社会组织系统第三次具有里程碑性质的发展、进化。

信托化组织将同时具有两种作用:对农业化组织生产方式、工业化组织生产方式进行并行的重构、改造。

信托组织、互联网组织,和作为农业社会基本组织的家庭和家族,以及作为工业社会基本组织的企业和公司相比,从本质上讲功能、层次不同,从量上讲,规模、标识、流、模块等方面不同。作为一种组织形态,信托组织、互联网组织就是以互联网技术、物联网技术、计算机技术等为基础和前提,能够在更大的范围内,通过聚集的方式,通过意识自治、权利重构、流、模块、信用增级等手段,以提升人类社会组织系统的效率,降低组织系统的运行成本,提高人类社会组织系统的流动性,从而降低组织系统的风险。这样也提高了社会资源的配置效率,实际上就是对经济系统进行了调节。

根据组织进化的阶梯,信托作为一种组织的核心功能是增加了整个人类社会组织系统的流动性,通过流动性的提高,进而降低组织系统的运行成本,提高组织系统的效率,也间接地提高了整个组织系统的公平性。

信托组织、互联网组织将会成为信息化社会的基本经济组织、主流经济组织乃至高端经济组织。

当人类进入信息社会、知识社会的时候,其主流组织方式就应该是以互联网为技术表现形式,以共有制为所有制表现形态,以信托为法律表现形态的信托或商事信托以及它们各种各样的变形或衍生形式,当前,我们称之为平台公司、生态圈公司的互联网组织方式。

(二)信托组织:信息社会最基本的经济组织

信托组织是指以信托法等相关法律为基础,按照信托法等相关法律的要求注册,以盈利为目的,运用各种生产要素(土地、劳动力、资本、技术等),向市场提供商品或服务,实行自主经营、自负盈亏、独立核算的具有法人资格的社会经济组织。它利用信托的基本原理,包括信托的多样性、同态性、边界性、层次性、随机性、约束性、运动变化性、稳定性等八种特性,以及信托作为一种共有制的特征,信托的七个要件等,以信托法为法律基础和标识,整合、聚集不同的资源,为人类的可持续发展做出组织上的贡献。所以,还会出现各种行业性质的信托组织、互联网组织,例如医疗信托组织或互联网组织,供应链信托组织或互联网组织等。这是复杂系统必要多样性定律在组织方面的表现。

从某种意义上讲,互联网与共有制、信托、复杂系统之间有着惊人的相似之处。

从系统的角度看,互联网公司是一个复杂系统。从控制论的角度看,互联网公司主要是一种分布式组织,特别是与以前的托拉斯、公司等相比。从所有制的角度看,互联网公司是共有制组织。因此,从某种程度上讲,互联网组织即信托组织。

(三)信托组织:人类社会经济组织发展的制高点

信托组织聚集资源的能力达到了一个新的高度,信托组织在时间、空间等方面要大大优于传统的组织形态。信托组织,作为一种组织形态,其组织能力,即聚集资源的能力使人类社会组织方式达到了一个新高度。

1.时间维度

从时间维度认知互联网组织、信托组织的特征,即它们的成长速度、聚集资源的速度是工业社会基本经济组织和农业社会基本经济组织所无法望其项背的,差距是数量级级别的。

信托组织、互联网组织自身在很短的时间内就快速发展起来了。2014 年 11 月 8 日的一则微信新闻显示:“今天阿里巴巴的市值首次超过通用电气公司(CE)。爱迪生及其后人花了 122 年的时间做到的规模,马云和成千上万的消费者只用了 15 年的时间就实现了。”这是一种人类社会经济组织巨大的差别。这种现象在工业化社会初期也常常出现,就是公司创造财富的速度是农业社会经济组织创造财富速度的十倍以上,是数量级上的差别。信息社会的典型经济组织与工业社会典型经济组织之间的差别就是数量级之间的差别。

2.空间维度

从空间维度认知互联网组织、信托组织的特性,即它们聚集资源的规模、聚集资源的范围是工业社会基本经济组织和农业社会基本经济组织所无法望其项背的,另外,互联网组织、信托组织的复杂程度、功能的多样性、层次的多样性等,也是工业社会基本经济组织和农业社会基本经济组织所无法相比的。

(四)信托组织的法律基础及完善

信托法及其立法思想是信托组织、互联网组织的基础。

信托作为一个组织存在,其最根本的法律基础是信托法。当然也还包括家庭、企业、公司、反垄断等方面的法律法规。

从复杂适应系统理论的角度来讲,信托法等是信托组织聚集和边界生成的机制,它们规定了信托组织聚集资源的规则,规定了信托组织生成边界的条件和范围。

如果一个信托组织真正遵循和表现了共有制、复杂适应系统、信托及互联网的基本特征,那么反垄断法对其是不应该有实际意义的,至少不会像对企业,特别是公司的约束那样。

信托组织对于现在的我们是一个全新的发展中的事物、组织形态。就像工业化社会初期有关企业法、公司法不存在、不完善等一样,目前与信托组织有关的法律法规也有很多不存在、不完善，需要我们在信托组织发展过程中不断制定、完善和优化。

(五)信托组织的共享意识及互联网思维

在信息社会或互联网社会中，往往通过协同共享，以接近免费的方式分享绿色能源和一系列基本商品和服务。如在互联网上，可以协调生产和共享消费，例如，维基百科、谷歌翻译和慕课。这是最具生态效应的发展模式，也是最佳的经济可持续发展模式。

共享意识是信息化社会、知识经济、网络经济、信息经济等社会经济组织最根本的特征。不是说共享的意识、共享的事例在工业化社会及农业化社会中不存在，而是说共享的意识、共享的事例不是工业社会和农业社会的主流，正像罗丝教授所指出的，工业社会及农业社会中也存在着“共享的喜剧”。为什么共享在信息化社会就是一种主流意识呢？那是因为，互联网的出现，使得人们可以去共享、分享，这是共享、分享的客观条件。另外，信息化社会是以知识为创新主体的社会，知识本身就存在着共享、分享的天然基因。对知识的占有不像对物质、能量的占有，不是在你拥有的时候别人就不可能拥有了，而是恰恰相反。

共享意识是互联网思维的内在要求。不是因为有了互联网，才有了互联网思维，也不是只有互联网公司才有互联网思维。真正的互联网思维是对传统企业价值链的重新审视，体现在战略、业务和组织三个方面，以及供研产销的各个价值链条环节中；并且将传统商业的“价值链”改造成了互联网时代的“价值环”。

互联网组织或信托组织，就是人类社会组织发展的新起点，我们需要自我觉醒、自我完善、厚积薄发，自觉运用互联网思维。

二、互联网金融的组织创新

随着金融与互联网技术的深度联姻，诸多商业模式变革和创新服务模式不断涌现，推动了金融市场环境和客户需求的深刻变化，催生了众多互联网金融的新业态及组织创新。从业务功能角度来看，我国互联网金融模式可分为四大类：支付平台型、融资平台型、理财平台型和服务平台型。

(一)互联网金融的组织创新之一：交易组织创新

互联网金融中，金融组织创新是核心，围绕金融组织创新搭建互联网组织创新，互联网组织创新是为金融组织创新服务的。由于互联网金融服务中可能涉及不同的交易主体，横跨多个不同的平台，因此，一定要做好不同平台之间的连接，做好平台本身的设计。

商业模式是利益相关者的交易组织创新，交易组织创新也是实现商业目的的重要流程。搭建好互联网金融交易组织创新是互联网金融服务平台的首要工作。

交易组织创新就是对利益相关者之间的交易结构做出安排的框架和体系。交易组织创新是实现互联网金融商业模式的根本。

交易组织创新是实现互联网金融平台商业目标的流程、模式及其要素的组合，是确定互联网金融商业模式的最重要因素。交易组织创新决定着商业模式的类型，换句话说，有什么样的交易组织创新，就有什么样的商业模式。商业模式与交易组织创新有着不可分割的密切联系。

以下是互联网金融的基本交易组织创新。

1. 网络债权融资模式——（P2P、P2B 等业务）

（1）金融系 P2P 模式交易组织创新。

其模式是多对多的模式。从事网络贷款，银行需要改变原有的业务模式，服务的群体和金融也发生了变化。因为有合法的金融牌照，所以金融系 P2P 具有很大优势，其基本交易组织创新如图 1 所示。

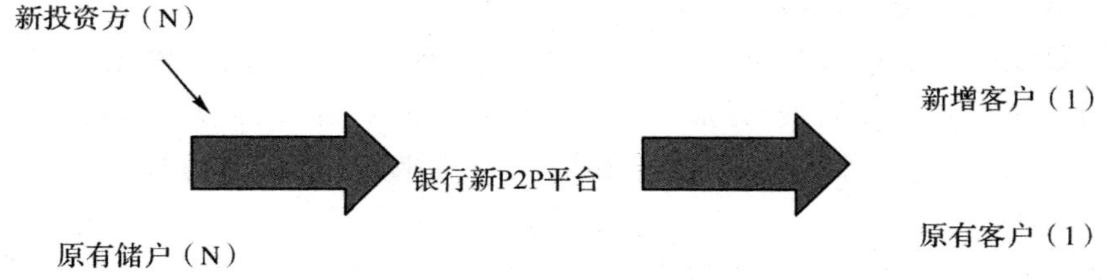

图 1　金融系 P2P 基本交易组织创新图

注：①银行具有中小企业和个人客户资源，平台两端的客户来源广；②可以自行保管资金或托管给其他银行

（2）互联网系 P2P 交易组织创新。

互联网系 P2P 交易组织创新如图 2 所示。

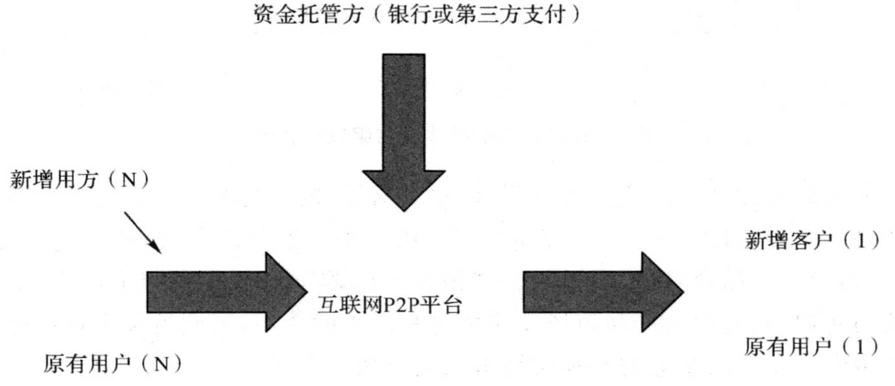

图 2　互联网系 P2P 交易组织创新图

(3)第三方独立 P2P 平台交易组织创新。

第三方独立 P2P 平台交易组织创新如图 3 所示。

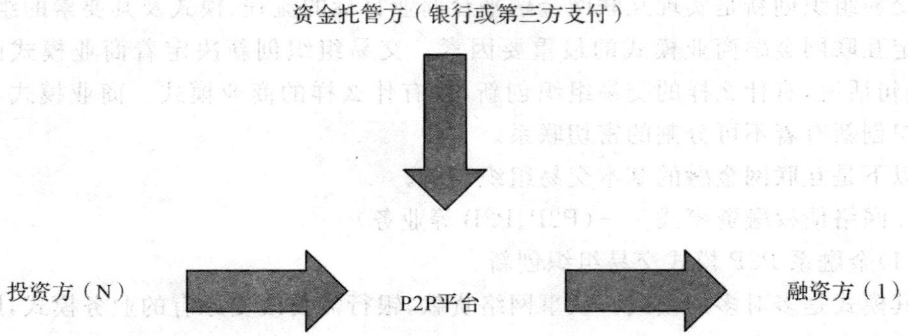

图 3 第三方独立 P2P 平台交易组织创新图

2. 网络股权融资(股权众筹)交易组织创新

网络股权融资也称股权众筹,其与网络债权融资(P2P)的差别是通过股权去做融资,其支付的对价(回报)是股权,而 P2P 支付的对价(回报)是债权(本金+利息或资金使用费)。另外一个不同是,在股权众筹平台的两端客户群也是不同的,股权众筹的投资方端是具有一定资金和经验的合格投资者(个人或机构),而融资方端是创业企业,并非个人。股权众筹的基本交易组织创新如图 4 所示。

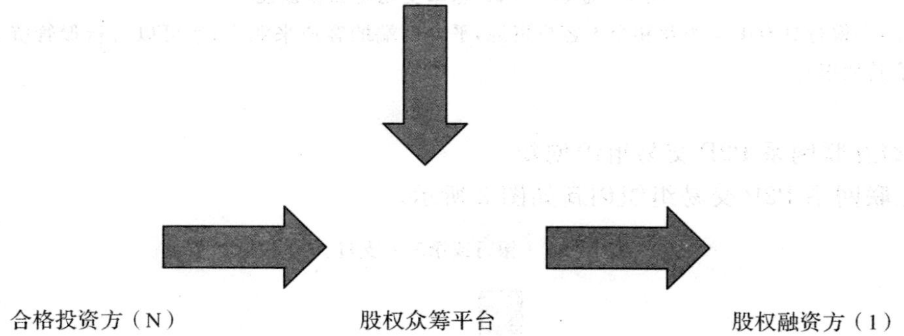

图 4 股权众筹的基本交易组织创新图

3. 网络产品预售+团购融资(产品回报类众筹)的交易组织创新

产品众筹是指以产品作为回报的众筹,该产品一般是高科技产品、艺术品、演出票、书籍等。产品众筹采用的形式是"预售+团购"模式,既不同于预售,也不同于单纯的团购,具有检验产品市场反应情况和广告的作用,因此被称为具有电商功能的新型电商。产品众筹的基本交易组织创新如图 5 所示。

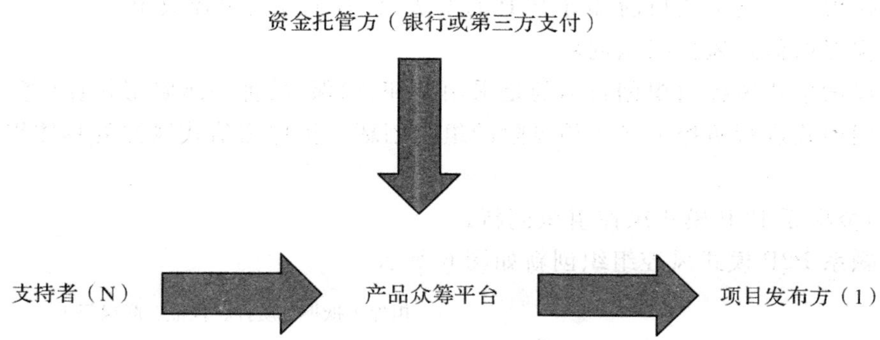

图 5　产品众筹的基本交易组织创新图

（二）互联网金融的组织创新之二：风控组织创新

风险控制组织创新就是防控金融风险、安全风险的系统和解决方案的创新。互联网金融实质是金融，金融的核心是风控，因此，在设计交易组织创新中，风控组织创新是必须考虑的因素。

金融的核心竞争力是风险控制，对互联网金融而言尤其如此。未来互联网金融的竞争将是风控能力的竞争。因此，风控组织创新设计事关互联网金融服务平台的存亡。

互联网金融风控组织创新是防范风险的重要一环，与法律组织创新共同组成交易组织创新的双轮。互联网金融未来的竞争是商业模式的竞争，但归根结底是风险管理能力的竞争。没有好的风控能力，投资方的资金将无法收回，平台将失去信誉，经营将如同失去信用的银行遭遇挤兑一样顷刻间倒闭无法继续。从稳健持续的经营为投资者做好金融资产的风险管理和配置最优化，将是互联网金融的生存之道与立足之本。

风险管控有两种方式：一类是严格的资信调查，对融资方进行科学准确的信用评级，并对不同的信用等级给予不同的融资利率（融资成本，即风险定价），使不同风险承受能力与偏好的投资者相匹配，从而防范金融风险；另一类是通过设定担保等增加信用的方式来预防，一旦发生违约事件，则通过实现担保权来收回债务。目前，国内的 P2P 基本上采用的是担保风险模式，这种担保模式等于完全承担了资金转移的风险，使得投资者在形式上不承担任何风险，但这种模式与传统银行思维没有多大差别。同时，这种模式淡化了 P2P 平台的信用评价、风险定价及资金配置作用，如此发展下去，将不利于互联网金融的健康持续发展。仅有少部分的互联网系 P2P 或网贷利用大数据、掌控的供应链在进行信用评级，但是部分产品仍摆脱不了账户资金质押的旧思维。

当然，也存在另外一种“混合风控组织创新”，即“资信评级＋担保增信模式”的综合风控模式。这也是目前部分 P2P 的做法,具有很好的风控效果。

1. 担保增信式风控组织创新

担保增信式风控组织创新指的是采用抵押、担保、质押一级隐形担保(背书)等增加信用模式进行防控金融违约风险的组织创新。担保增信式风控的具体组织创新如下。

(1)金融系 P2P 模式风控组织创新。

金融系 P2P 模式风控组织创新如图 6 所示。

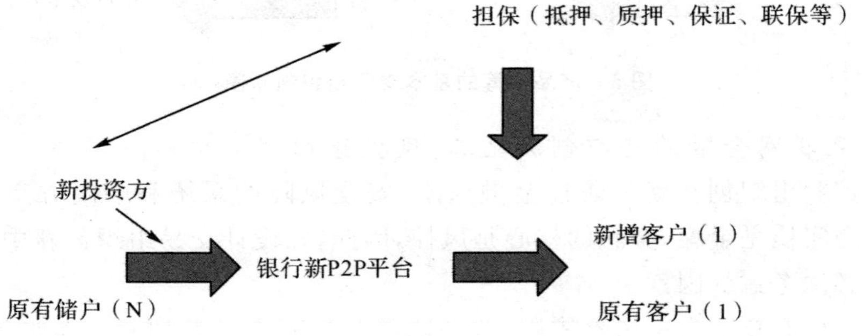

图 6　金融系 P2P 模式风控组织创新图

(2)互联网系 P2P 风控组织创新如图 7 所示。

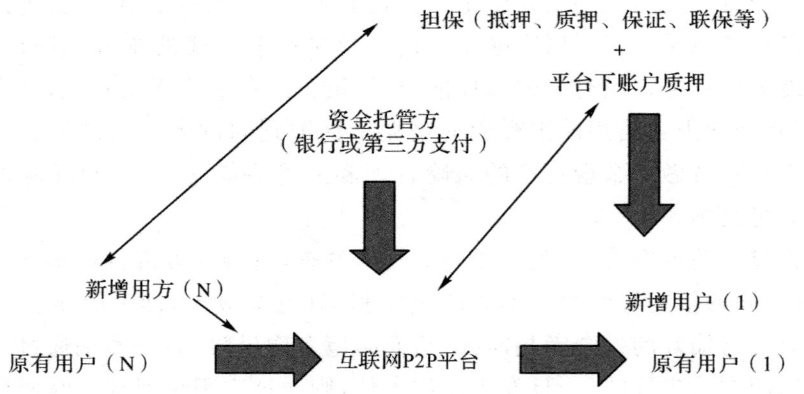

图 7　互联网系 P2P 风控组织创新图

(3)第三方独立 P2P 平台风控组织创新。

第三方独立 P2P 平台风控组织创新如图 8 所示。

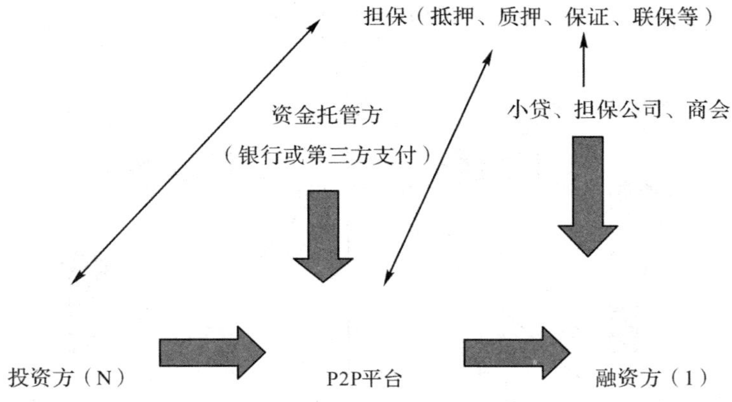

图 8 第三方独立 P2P 平台风控组织创新图

2. 资信评级风控组织创新

资信评级风控组织创新指的是利用互联网技术对融资方进行资信调查，确定信用等级，并据此决定是否交易的风控组织创新。随着互联网技术的进一步发展，互联网金融制度的建立和体系的进一步完善，利用大数据、云计算等技术进行风控将代表互联网金融的发展方向。

该类风控模式的具体组织创新如下。

(1)网络债权融资模式(P2P/P2B 等业务)。

①金融系 P2P 模式风控组织创新。

金融系 P2P 模式风控组织创新如图 9 所示。

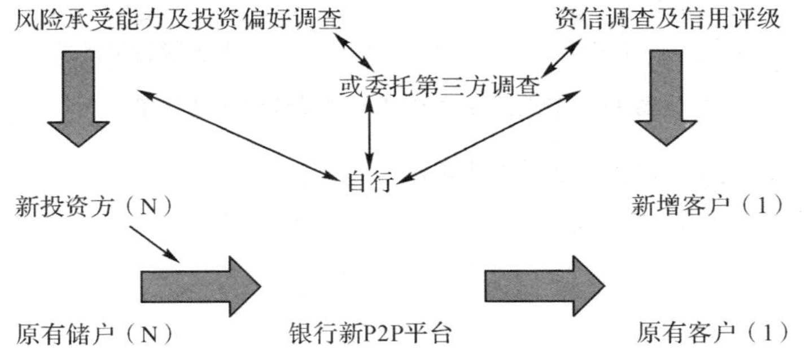

图 9 金融系 P2P 模式风控组织创新图

②互联网系 P2P 风控组织创新。

互联网系 P2P 风控组织创新如图 10 所示。

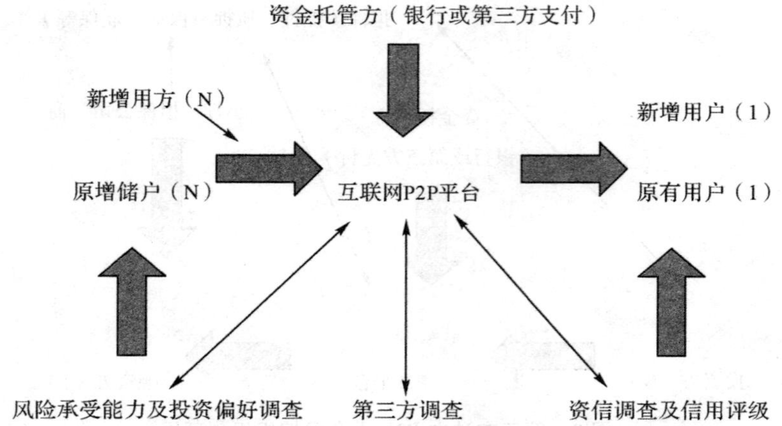

图 10　互联网系 P2P 风控组织创新图

③第三方独立 P2P 平台风控组织创新，如图 11 所示。

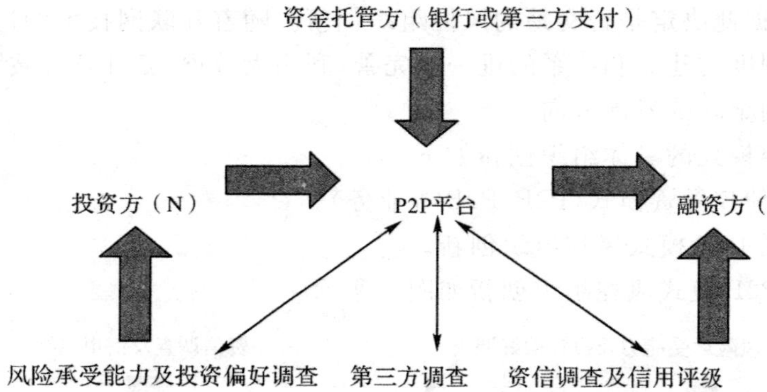

图 11　第三方独立 P2P 平台风控组织创新图

（2）网络股权融资（股权众筹）风险组织创新。

网络股权融资（股权众筹）风险组织创新如图 12 所示。

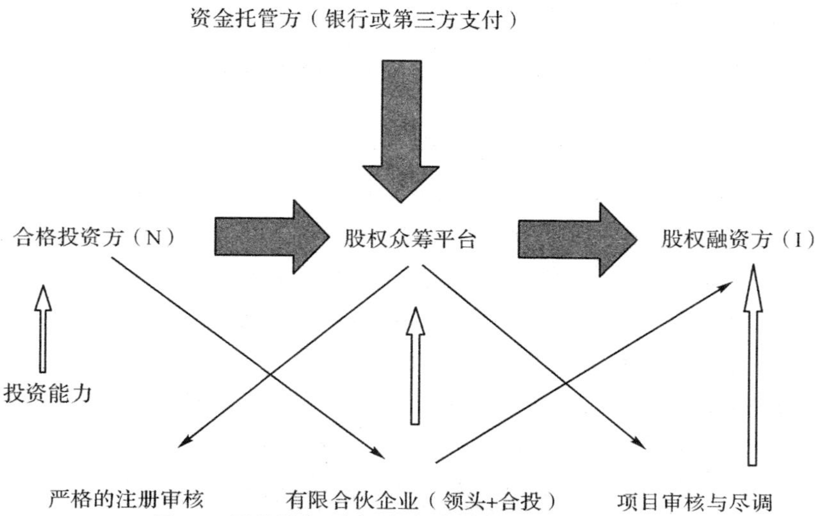

图 12 网络股权融资(股权众筹)风险组织创新图

(3)网络产品预售＋团购融资(产品回报类众筹)的风控组织创新，如图 13 所示。

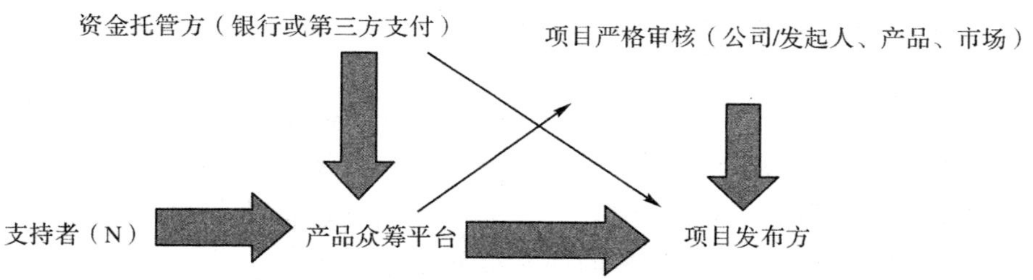

图 13 网络产品预售＋团购融资(产品回报类众筹)的风控组织创新图

(三)互联网金融的组织创新之三：法律组织创新

法律组织创新是指在设置交易组织创新、风控组织创新时必须充分考虑到的合法合规性流程，使交易组织创新、风控组织创新本身不违法，且用法律将交易流程规范化，避免因发生法律风险而带来灭顶之灾。

(四)互联网金融的组织创新之四：技术组织创新

对于互联网金融而言，技术结构就是利用现有的互联网技术或积累的资源，围绕交易组织创新、风控组织创新和法律组织创新进行设计，以技术手段保障交易的安全、合法合规性以及便捷地完成交易和实现交易目的。

三、浙江省互联网金融发展现状及组织创新

依据上述互联网金融的组织创新的几条原则，我们考察一下浙江省互联网金融发展现状及组织创新。

(一)浙江省互联网金融发展现状

2015 年,全省各类互联网金融企业约 366 家,同比增加 142 家,交易金额 1765 亿元,同比增长 253.21%。

各类互联网金融业态发展情况如下:

第一,网络借贷和网络理财蓬勃发展。截至 2015 年末,全省 P2P 和网络理财公司共 366 家,年交易额达到 1765 亿元,增长实现 100%的增长,涌现了微贷网、铜板街、挖财等一批在全国有影响力的公司。网络借贷产品丰富,具体产品有政府平台融资、汽车贷、学生贷、电商贷、以及供应链融资等,传统银行无法涉及的领域也涉及到了,补充丰富了金融生态,推进了金融普惠。

第二,网络众筹处于起步阶段。从全国范围看,众筹尤其是股权众筹处于起步阶段,我省除了阿里系众筹筹资为 9.33 亿元交易量外,其余众筹平台交易量为 6.63 亿元。与 P2P 和网络理财比,网络众筹交易量较小,仅为其 6%。

第三,互联网基金销售额大幅增长。2015 年全省互联网基金销售公司有 3 家,通过互联网平台销售金额达到 2000 亿元。同比增加 150%,大幅增长的主要原因是上半年股指大幅上升。

(二)浙江省互联网金融组织创新

以下是近几年浙江互联网金融组织的创新成果:

第一,微贷网是为有资金需求和投资需求的用户,搭建的一个公平、透明、稳定、高效的网络金融互动平台。用户可以在微贷网上获得信用评级,发布借款请求满足资金需要;也可以把自己的闲余资金通过微贷网出借给信用良好有资金需求的用户,在获得良好的资金回报率的同时帮助他人。

第二,铜板街是一个理财交易平台,交易流程由相关机构监管,中信银行对用户理财资金进行监管,铜板街本身不触碰用户资金。铜板街为用户提供多种类金融理财产品——收益率从 5%到 10%不等的货币基金产品、保险产品、P2P 产品、保理产品、票据产品、债权类产品以及融资租赁产品等。

第三,挖财力争做用户的"资产管家"。挖财除了通过用户授权获取邮箱里的账单信息,还通过用户手工记账来积累日常消费数据。此外,他们也与一些银行和基金公司进行数据共享,在重叠客户授权后导入数据。

第四,铜掌柜是全国首家构建消费信用生态圈的互联网金融服务平台,为投资者提供低风险、高收益的投资理财产品。目前已形成由跨境电商、供应链金融、消费分期等为载体的金融业务主体,通过全方位的风控尽调及风险数据分析模型,实现完整的风险控制闭环。

第五,阿里小贷业务如图 14:

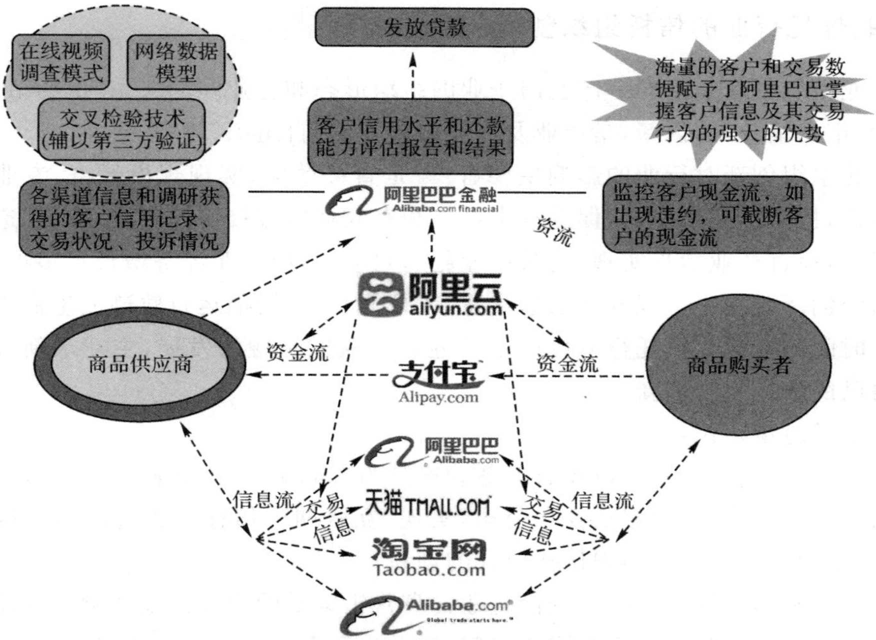

图 14 阿里小贷业务图

第六，蚂蚁金服旗下业务包括支付宝、支付宝钱包、余额宝、招财宝、蚂蚁小贷和网商银行。蚂蚁金服的业务体系中，支付、理财、融资、保险等业务板块仅是浮出水面的一小部分，真正支撑这些业务的则是水面之下的云计算、大数据和信用体系等底层平台。它的组织创新种类繁多，几乎包括了互联网金融各个方面，如图 15：

图 15 蚂蚁金服子业务板块

四、信托行业的信托组织创新

产业组织创新是指同一产业内企业的组织形态和企业间的关系(市场结构、市场行为、市场绩效)的创新,是产业及产业内企业的“自组织”过程。

产业组织创新对行业的影响主要有:一是直接效应,实现规模经济、专业化分工与协作,提高产业集中度,促进技术进步和有效竞争等;二是间接影响,创造产业增长机会,促进产业增长实现,构筑产业赶超效应,适应产业经济增长等多项功效。产业组织创新能在一定程度上引起产业(或行业)生命周期运行轨迹或生命周期阶段持续时间的变化。信托行业可以主动迎合互联网金融的发展,主动求新、求变,实现自己的信托组织创新。

以下是对策建议:

①当前,信托公司不妨以现有业务和产品为基础来“+互联网”,之后可与互联网公司开展战略合作,构建信托子公司,实现“互联网+信托”,通过嵌入互联网用户、大数据、平台等思维,实现信托模式的创新。

②积极利用互联网金融实现信托业自身营销渠道的建设以及风险管理能力的提升。随着移动互联网和物联网的兴起,社会生活发生了深刻变化,传统信托产品营销面临被重塑的命运。以实现万物互联为己任的互联网,以开放、平等、互动、低价、高效、信息透明、客户需求为导向,重视用户体验,随时随地提供服务,并且通过积累大数据,加强风险管理。

③在组织机构创新方面,业内公司可以尝试“金融控股”模式,顺应混业经营之大趋势。

④可以设想浙江省信托行业加强融合发展,通过股权、业务联合等多种形式共同创办一家“浙江信托联盟”的金融网销平台。

面对互联网金融的快速发展,应采取一种一分为二的观点来辩证地看待信托组织(互联网组织)带来的机遇和挑战。要在充分肯定其带给我们生活的便捷、效率的提高等积极效应的同时,注意识别和防范其隐含的各种风险,加强监管,促进其健康发展。

【参考文献】

[1] 陈建超,朱晓林. 互联网金融下的信托创新[J]. 当代金融家,2015(9):82-85.

[2] 陶鹏文. 我国信托业转型发展研究[D]. 北京:首都经济贸易大学,2015.

[3] 张曜. 互联网金融背景下信托投资模式的法律分析[J]. 北方金融,2015(5):18-24.

[4] 叶文辉. 互联网金融理财业务风险的监管与防范——以“信托100”百元团购信托产品为例[J]. 国际金融,2014(9):17-20.

[5] 王艳杰.谈互联网金融与信托[J].财经界,2014(17):14,25.

[6] 白金枝.互联网金融发展及其对我国商业银行的影响研究[D].成都:西南财经大学,2014.

[7] 于彦梅.互联网金融冲击下传统金融业发展对策研究[D].哈尔滨:哈尔滨工业大学,2015.

[8] 王婷婷,张欢.供给侧改革形势下推进信托业转型发展研究[J].西南金融,2016(4):54-59.

[9] 若愚.陈康:打造互联网+信托的金融生态体系[J].卓越理财,2015(4):16-17.

[10] 陈静思.中国商业银行混业经营转型研究[D].上海:华东师范大学,2015.

[11] 王婷婷,张欢.关于中国式家族信托模式研究:基于互联网金融在信托业中的运用[J].佛山科学技术学院学报,2016(1):78-82.

第二篇

产融结合新机遇

供应链金融融资模式创新研究
——以在杭小微网商为例①

浙江金融职业学院经营管理系　刘　海

内容摘要：本文以在杭中小微网商为例，分析通过供应链金融融资模式的创新来破解网商融资的"难"与"贵"之"困局"。在借鉴国外中小网商融资经验的基础上对国内中小网商融资可获渠道进行分析比对，提出了供应链金融融资渠道创新的对策建议包括分享网商数据库，健全相关法律法规，建立网商评级制度，创建宽松的信贷环境等。

关键词：供应链金融　小微网商　电商小贷

一、供应链金融视角的选择

Cranfield大学教授马丁·克里斯多弗曾经断言：未来的竞争不再是企业与企业的竞争，而是供应链与供应链的竞争。得益于信息技术与运输技术的高速发展，产业链和供应链正逐步取代纵向一体化，成为全球产业组织发展的主流模式。大型企业凭借资金、技术和产品优势占据主导地位，中小企业也凭借自身技术优势，不断融入供应链合作与竞争，成为链上的重要一环，这是供应链金融建立的立足点和出发点。供应链金融通过整合链上资金流、物流和信息流，实现对实际交易状况的全过程掌控，并对链上的资金需求予以满足。从中小企业角度看，供应链金融融资模式是以中小企业为市场导向，力图弥补广泛存在的中小企业融资缺口，不断提高供应链上的中小企业的信贷可得性，并降低融资成本；从商业银行角度看，供应链金融通过将供应链生产过程中的动产、权利等作为担保物，成功实现链上核心大企业良好信用能力向上下游中小企业延伸，对商业银行的风险控制技术而言也是一种创新的体现；从国家社会角度看，供应链金融的推

---

① 项目资助：浙江省金融教育基金会2014年度一般项目（2014Y04）。课题组成员：刘海（主要执笔人），陈月波，张颖，邱勋，马天有。

作者简介：刘海，1977年出生，男，讲师，主要研究方向为电商金融。

出使得链上中小企业的融资压力得以缓解，供应链整体核心竞争力不断增强。供应链金融正逐步成为商业银行对中小企业放贷的重要方式，为中小企业融资传来了新福音。本课题围绕供应链金融的动态层次，即由特定的金融机构或其他供应链管理的参与者，尤其是第三方物流企业、核心企业，充当组织者，为特定供应链的特定环节或全链条提供定制化的财务管理解决服务，帮助供应链中的小微企业获得发展所需的资金。

二、结合供应链金融研究在杭小微网商的意义

一方面杭州作为中国电子商务之都，目前已集聚了全国1/3以上的综合性电子商务网站和各类专业网站；另一方面，2014年杭州城市发展的目标之一仍是大力培养网商，做强电子商务产业链，鼓励居民网购，进一步推动杭州市电子商务发展。故以国内电子商务高度发达的城市杭州作为调研的着力点来研究小微网商信贷具有典型意义，其具体表现在：

1.为杭州地区的中小网商融资困难提供了一条新的解决渠道

以供应链金融为研究新视角，探求缓解在杭小微网商融资难的新方法新模式，为在杭小微网商融资相关研究寻找新的突破方向，推进小微企业融资研究理论的不断丰富和研究范畴的不断拓宽，为中小企业融资实践活动提供科学指导。

2.供应链金融视角的网商信贷是产业链融资的创新模式

由产业资本大户组建小额贷款公司，通过网络，通过判断各类会员在平台上的网络活跃度、交易量、网上信用评价等，向资金短缺的企业提供贷款服务，由此既解决了中小网商的贷款难问题，又丰富了产业配套服务。

3.供应链金融视角的网商信贷是对我国现有金融体系的有效补充

从目前国内银行金融体系来看，我国已经形成国家政策银行、国有商业银行、股份制商业银行、城市商业银行、农村金融机构、小额贷款公司这样的层次结构，覆盖了大型央企、地方政府企业、中小民营企业、农户及个体商户，然而市场最缺的还是针对小微企业尤其是针对目前快速增长的中小网商的金融服务，而网商信贷正是对小微企业金融服务的补充。网商信贷结合金融危机、金融脱媒、产业链等多元发展背景，紧跟经济形势变化，以中小企业融资难现状为立足点和出发点，深入分析中小企业融资难的形成机理，科学确定以供应链金融作为突破方向，协调银行、中小企业、第三方物流等各大参与主体，基于整体授信角度，借助真实的贸易背景，融合商业信用和银行信用，有效盘活供应链上的资金流，开辟中小企业融资新渠道。

三、电商行业供应链金融服务集群小微网商的基本态势

（一）杭州是中国电子商务集群发展的重要区域

杭州是中国电子商务之都，杭州具备了浓郁的网商创业氛围，已成为国际知名、国内领先的全国电子商务专业网站集聚中心、全国网商集聚中心。目前已集聚了全国 1/3 以上的综合性电子商务网站和各类专业网站，数据显示，杭州市共有超 30 万网商，2013 年网上销售额超 1000 亿元，占零售总额的近 36%，远远高于全国的 6.5%。在网站数量、B2B、C2C、第三方支付等方面，杭州市均居全国第一。以信息软件和电子商务为核心的上市公司达 36 家。2013 年，杭州市正式下发了《关于进一步加快信息化建设推进信息产业发展的实施意见》。根据这份《实施意见》，到 2015 年，杭州电子商务服务业收入力争突破 1000 亿元，实现三年翻一番，产业规模居全国领先地位。

（二）集群中中小微网商信贷资金需求满足率低

中小网商从低端形态向高端形态进化，由专业化向综合化转型，由分散的点状分布到块状的分类集群，由传统分散于各类城市依托各类城市特点的微聚向电商之都集聚，这些集群于电商行业的中小微企业对资金的需求十分迫切，尤其是分布于电商供应链两端的企业，它们既存在内源融资匮乏的问题，又存在外源融资资质不够的困境，于是银行间接融资成为众多在杭电商小微企业融资的无奈选择。然而，长期以来商业银行或是青睐大中型企业，或是扶持那些极少数有固定营业地点或固定资产的少数几家中小微企业并培育其发展成为大中型企业，绝大多数尤其是做电商的小微企业根本无法享受到银行提供的金融服务，中小微网商信贷需求总体满足程度极低。

（三）风险和成本因素制约着银行中小企业信贷业务的拓展

对于银行而言，区别对待大中型企业与小微网商是有一定商业道理的。一方面大中型企业可以提供厂房、设备等设施供抵押，且管理规范，而小微网商规模较小、数量众多，且主要资产均为设备、存货、应收账款等动产，而动产并不是被银行认可的有效质押物，银行仅通过动产难以掌握企业的真实经营状况；另一方面，小微网商贷款额度不高、贷款次数频繁，而各银行对企业的放贷程序大致相同，对小微网商的管理成本要大大高于对大企业的管理成本；此外部分中小商家还存在素质较低，诚信意识淡薄，还款能力不强等诸多问题，一旦出现企业运营困难及资金周转不灵时，则极有可能拖欠银行贷款本金及利息，所谓“一朝被蛇咬，十年怕井绳”，所以银行更不愿意对中小买家发放贷款。

四、在杭中小微网商信贷可获途径(供给)分析

小微网商信贷有贷款需求量很大、贷款周期短、贷款频率快等特点，部分电商企业和银行为了解决传统金融机构不愿贷款给小微网商的问题，在这方面进行了探索及创新服务。从大电商企业的角度，阿里集团推出了阿里信贷，京东针对其供应链推出了京东白条，同样苏宁也推出了苏宁小贷等。从银行创新的角度，银行界推出了网络联保信贷。从小微电商平台角度，当前网络 P2P 贷款、众筹模式同样能在一定程度上缓解网商融资难的问题。

(一)电商小贷模式

此类模式贷款不需要提供任何第三方担保及抵押物，仅凭信誉即可获得，其突出代表为阿里巴巴集团旗下陆续成立的浙江阿里巴巴小额贷款股份有限公司及重庆阿里巴巴小额贷款股份有限公司。电商小贷模式主要对自有平台上的客户的大数据进行分析，从而判断是否能对客户进行贷款，以及贷款数额、期限、利率等。例如阿里信贷即通过其平台拥有的数据在贷前对借贷人销售产品种类、网店的运营规模、网店流量、网店交易额等进行评估，将其映射为该借贷人的信用评价指数，通过该指数来确定贷款人的可贷金额及时长。贷中和贷后，对贷款人的网店数据进行监控，及时把控贷款人贷款资金的流向，诸如贷款人是否将贷款金额投向网络广告，其贷款后经营的网店流量及转化率是否增加，等等。在超过一定的临界值时，阿里信贷可考虑对其进行扶持指导，协助其进行经营，或强制收回贷款等。但网商信贷模式也存在一些弊端，表现在如下几个方面：①仅提供贷款给自有平台上进行运营的电商企业，相关数据并不对外进行公布。②贷款额度非常有限，往往客户如果需求 100 万，通过审核取得的贷款仅仅只有 5 万余元，即需求额度与获贷额度差异巨大。③国家对网商信贷的跨区域经营还有限制，例如目前阿里信贷的放贷对象是阿里公司自己的会员，会员准入范围只限制在我国江浙沪三地及重庆。

(二)网络联保信贷模式

网络联保信贷模式也是主要针对例如阿里巴巴“诚信通”会员等网商企业，这些网商企业如果在网络上有良好的销售业绩及资信情况，可以通过网络联保的形式向银行申请贷款，该模式也不需要提供抵押物，诸如有三家企业 A、B 和 C 组成一个联合体，各向银行贷款 50 万元，而 A、B 和 C 企业的贷款责任均为 150 万元。也就是说其中有一家企业无法还清其贷款本金及利息时，则另外两家企业要承担其本金及利息。当贷款期限满了以后，联合体自动解散。此外该模式的贷款利率、期限、金额等依据贷款企业的资质也有所不同，银行会根据该企业的综合实力、信誉、以及银行产品的使用情况等综合测算。该模式通过联合体互相之间的调研担保降低了银行风险控制的成本，从企业的角度，企业肯定不愿意给那些经营业绩较

差、缺乏信用的企业进行担保,从银行的角度,其省却了大量的网络企业的业绩调研、资信审查等环节。网络联保信贷模式的缺点表现在:①贷款企业之间一般为相同行业或相关行业,这样就存在如果行业不景气,一家贷款企业亏损还不起贷款,很有可能相关联保企业也相继亏损,同样还不出贷款的情况,呈现多米诺效应。②网络联保信贷模式同样可能存在骗保的情况,一人注册多家公司,并以这些公司组建联合体向银行进行联保信贷,一人跑路,则多家公司消失。

(三)网络众筹模式

目前在杭部分中小创业型网商,通过网络众筹模式对外进行融资。该模式在互联网上召集众多对该创业型网商的创业项目感兴趣的陌生网友,采用团购或预售的方式销售其所拥有的产品。该模式最早起源于美国的网站 Kickstarter,这两年在中国国内取得长足进展,仅 2014 年,国内众筹网站就为包括中小网商在内的中小企业募集资金 1.88 亿元。该模式的运作流程是首先在网络上展示其需要融资的商品情况并设置一个目标筹资额及一个时间点,并且创业者还需在预设的时间内回答出资人或网友的提问。该项目如在该预设时间内融资成功则众筹成功,否则需将款项退还给所有支持者。该模式优点表现在可以利用社会群体的力量筹措资金,且还能通过众筹模式挖掘潜在客户,拓宽产品的销路;尤其表现在目前在所有其他正式的金融服务均无法获取且又无法获得线下亲朋好友提供资金支持时,该模式能让出资人利用无形的互联网络提供资金给创业者。且一方面该模式筹集的都是一些就该项目而言志同道合的人,他们愿意对该项目的成功进行等待;另一方面,众筹能跨越传统融资的中间环节,对于提高融资效率和降低融资成本作用明显。网络众筹模式的缺点表现在:①可能存在欺诈问题,筹资人在众筹网站上发布的商品看起来很真实,但一旦筹集到资金,筹资人则有可能从人间蒸发,完全找不到。那么出资人存在血本无归的风险。②绝大多数的网络众筹网站采用的均为成立有限合伙企业然后再进行投资的模式,此模式存在部分与证券法、公司法相抵触的地方,采用的是打擦边球的方式。

(四)P2P 贷款模式

P2P 贷款是一种多人对多人的通过网络进行借贷的商业模型,该模型包括三方,一方是有资金需求的借款人,另一方是有闲置资金,希望增值的放贷者,还有一方就是提供平台,给借款人和放贷者提供撮合服务的中间商。近年来,该模式在互联网大潮的影响下出现“井喷”现象,目前该模式已经由传统的线下模式,转换为线下线上并行模式,目前线上有宜人贷、人人贷、圈圈贷等多家各具特色的 P2P 信贷网站,线下有以宜信为代表的专注线下 P2P 贷款的小额借贷公司。针对在杭的众多中小网商,这些 P2P 小贷公司也推出了许多个性化的专门针对小微网商的定制服务,包括目前已经比较为大众所知的机构担保交易、债权合同转让及某些有实力的大型金融集团推出的服务平台，细化上比如宜信针对小微电商企业提出了商易贷，该模式门槛低，无须抵押，到账迅速，网商正常经营半年以上就可以进行申请，且申请最高额度达50万元。对比银行信贷，P2P贷款模式的优点表现在借助互联网思维，可以显著降低交易成本，且方便投资者选择投资方向，通过分散资金投资群体来降低投资风险。P2P贷款模式的缺点表现在：①一般而言，小微网商无法提供诸如房产、汽车、设备等作为抵押物，出资者相对风险较大。②出借人往往难以分辨借款人是有真实资金需求的网商还是非法机构，且从P2P贷款而言，目前并没有一个部门将P2P网贷纳入监管范围。

五、在杭中小微网商信贷效率分析

中小微电商企业有资金需求则必须通过一定的融资方式去实现。无论是自我积累、股票融资、商业信用、民间借贷，还是通过互联网创新的一类融资模式，它们的机会并不均等，存在一个潜在的顺序问题，影响排序的因素很多。

（一）信贷期限

长期投资尤其是权益类投资并无固定的偿还时间要求，相对受中小企业包括网商的欢迎。但一旦遇到网商资金链断裂或经济环境不景气，小微网企破产，则投资者可能需要承担血本无归的风险。短期投资是通过银行短期贷款、民间借贷等来实现的，贷款能缓解中小微网企资金的需求，但往往存在贷款审批时间长、预期贷款金额和实际得到的贷款金额相差较大等诸多问题。当然通过网商信贷（阿里信贷、京东白条）、P2P贷款等一些互联网创新信贷模式可以更加方便、简易地获取所需的贷款，如阿里信贷，在淘宝订单贷款和信用贷款平台上，用户能够迅速获取其贷款额度并获取贷款。

（二）信贷成本

不同的信贷方式，获取资金的成本是不同的。中小微网商在创业初期，一般来说使用的是自有成本，表面上看是不发生费用的。但如果考虑到机会成本，即使使用自有资金也存在其他投资及可以获取的相应收益，也就是说其实使用自有资金也是有成本的。银行贷款利率水平低于债券利率，也低于互联网信贷模式提供的贷款利率，但银行贷款时长、贷款额度往往固定，虽然贷款利率相对较低，但往往也不适用于那些希望随借随还、循环借贷、短期借贷的中小微网商。

（三）信贷风险

不同的信贷模式，企业所面临的信贷风险是不同的，如果是通过债务性融资获取的资金，则必须在一定的期限内归还，若是到期无法归还，企业将因丧失基本信誉而被市场淘汰。如果是通过权益性融资获取的资金，则这类资金的使用不受期限的限制，但企业的经营范围、发展方向将会受到外来资本的限制。对于中小网商而言，它们最希望获得的是流动性负债，流动性负债可以使得企业的资金周转顺畅，以便应付即将到期的负债，此外还能使得企业在较长的债务周期内获得难得的改善经营的机会。

（四）资金使用自由度

资金使用的自由度是指企业对以不同方式获得的注入资金支配能力的灵活程度。企业自由资金是所有资金中自由度最高的，通过股票融资模式获取的资金的自由度也相对较高，债务性融资资金的自由度相对较低，贷款协议中一般要求对资金的使用方向进行界定，并附有惩罚条款。通过互联网信贷模式获取的资金也对资金的使用方向进行了界定。诸如阿里信贷仅为那些在阿里平台上从事网络交易的网商提供贷款，并对资金的使用进行跟踪，贷款资金仅限在阿里平台上进行直通车、硬广告交易及平台供应商之间进行资金往来。京东白条也仅限在京东平台上进行商户之间的资金往来。

（五）资金到位率

企业自由资金的到位率是最高的，只要企业做出决策，企业利润留存于企业内部几乎是无障碍的。长期性分期投入的信贷资金到位率一般不高，中小网商需要的主要是短期流动性贷款，通过互联网信贷的模式获得的资金到位率相对较高，但可能实际资金到位率和期望值有点偏差，而如果能通过股票融资，则有可能出现募集不足等问题。

六、基于互联网信贷模式发展的建议

目前，各类网络信贷的兴起与发展不仅能够大大缓解网商“贷款难”问题，还能推动我国各层次资本市场的拓展，更好地夯实资本市场基础，但由于目前网络信贷的监管还有待完善，部分市场主体存在恶意竞争甚至违规越界，如任其发展，则有可能对我国稳定的金融形势形成负面冲击，使得目前尚还有序的网络信贷环境陷入困境，因此有必要加快完善中小网商的网络信贷监管机制，积极推动中小网商网络信贷有序、良性发展。

（一）强制性的网络信贷数据库的分享

目前阿里小贷及其他诸如苏宁小贷、京东白条等只针对本平台运营的网商，依托其在自身平台上的历史交易规模、交易数据、交易产品的品名、客户的反馈评价等数据通过计算进行贷款的发放，但是平台和平台之间的数据相互之间并不具有可见性。也就是说网商的数据平台未纳入银行之间的征信系统，网商放贷前仅能够通过自身网络交易平台进行贷款网商的评估，并不能像银行一样方便地在征信系统里进行商户的违约记录及良好履行合约记录的查询。建议监管部门通过行政命令或指导意见等方式，建立相关平台，打通网络信贷数据库之间的壁垒，一方面这能够显著降低放贷网商的坏账损失率，另一方面放贷网商的资金也能够更好地为真正有融资需求的中小微网商服务。

（二）相关网络信贷健全的法律法规的制定

目前在快速发展的支持草根网商创业的网络众筹模式方面，我国国内相关法律法规还是一片空白，该模式在投资人数限定及非公开发行等方面按现有的《证券法》及《公司法》来考量，存在一定的违规。且目前尚无如何保障投资者权益及银行托管保护等方面的强制要求。从 P2P 模式角度看，目前部分 P2P 网站乱象丛生、野蛮生长，仅在 2014 年，平均每天有 2 家 P2P 网站成立，多家 P2P 网站倒闭，部分 P2P 网站跑路。经调研，其中部分 P2P 网站存在法规明令禁止的“资金池”，还有些网站以 P2P 名义进行非法集资，建议相关监管部门采取一系列措施，来强化 P2P 平台的中介性质，从而规避部分平台提供自身担保功能等的缺陷。

（三）建立相对宽松的网络信贷发展环境

目前我国的网络信贷刚刚起步，很多信贷模式均处于萌芽状态，行业还处于探索阶段，肯定还存在许多缺陷和需要改进的地方，但其在弥补传统金融在相关领域的不足，促进实体经济的发展方面还是有很大发展空间的。监管部门在其准入方面不应设立过高的门槛，而应该在其今后发展的过程中，加强信贷过程的阳光化、透明化，并能够随时接受大众的举报，对不同的网络信贷模式采用不同的监管标准和措施，对网贷的核心环节进行规范，禁止不当的追债行为，对违法违规的信贷企业及个人必须严厉查处。此外建立网络信贷的退出机制及消费者投资保障体系，推动建立行业的规章制度，加强行业的协作，探索建立风险保障基金等，通过这一系列方法和手段更好地促进网络信贷行业的发展。

（四）建立网络信贷的评级制度及对投资者进行风险承受能力的评估制度

相关监管部门可以针对各类不同的网络信贷模式设定风险级别，级别可由高到低。针对不同级别，每月对外公布其相关的还款率、财务逾期指数、相关贷款条件及利率等，以供有贷款需求的网商进行选择。此外，可以对投资者评估其风险承受能力，在其承受能力范围内设置各类网络信贷的推荐投资额度、最高限额等以保障投资者的权益。通过每月在行业内及对社会公众进行公布相关投资机构的排行榜这种评级机制，促使投资机构审慎地选择评估有贷款需求的网商，然后再进行相关需求信息的发布，这样，网络信贷在投资中及投资后也会提高自身的运作透明度。

七、讨论与展望

可喜的是最新的 BCG 报告提到，预计在 2016 年年内我国即将出台 P2P 及网络众筹的监管细则。网络联保信贷的规模也将进一步扩大，阿里信贷放贷的对象也从中国供应商、“诚信通”用户拓展到普通淘宝卖家。我们有理由相信，随着互联网金融的进一步发展创新，中小网商信贷可获途径的不断扩展，困扰中国中小企业发展十多年的“融资难”问题最终将得到很好的缓解。

【参考文献】

[1] 张伟斌，刘可. 供应链金融发展能降低中小企业融资约束吗：基于中小上市公司的实证分析[J]. 经济科学，2012(3).

[2] 胡海青，张琅，张道宏. 供应链金融视角下的中小企业信用风险评估研究：基于 SVM 与 BP 神经网络的比较研究[J]. 管理评论，2012(11).

[3] 王怡. 论网络信贷的风险类别及其监管策略[J]. 常州大学学报(社会科学版)，2013(4).

[4] 刘继兵，夏玲. 发达国家 P2P 网络信贷监管的比较分析[J]. 武汉金融，2014(4).

[5] 黄绍辉，李楠. 商业银行网络信贷模式与发展路径研究[J]. 金融论坛，2014(5).

[6] 倪月娟. 我国 P2P 小额网络信贷研究[J]. 现代商业，2013(9).

[7] 孙学立. “线下”P2P 借贷模式、风险及对策研究：以山东省为例[J]. 浙江金融，2014(8).

民间资本进入金融业的发展模式研究
——以阿里金融为例[①]

浙江金融职业学院金融系　方宜霞

内容摘要：民间资本进入金融业，对于动员社会资金进入实体经济，促进金融机构股权结构多元化，激发金融机构市场活力，具有重要意义。作为浙江省民营企业龙头代表的阿里巴巴集团，历经10年风雨，终于形成涵盖支付、信贷、担保、保险、投资、理财及网商银行等核心业务板块的阿里金融体系。阿里金融成功进军金融业，成为诸多民间资本争相借鉴的典范，然而，在实际运作中，民间资本仍然面临诸多制度障碍，同时民间资本设立的金融机构也面临风险监管问题，本文通过分析阿里金融的发展模式，提出完善民间资本介入金融业的政策建议。

关键词：民间资本　金融业　阿里金融　发展模式

一、浙江民间资本发展现状

浙江是中国大陆民营经济占GDP比重最高的省份，民营经济已成为浙江经济的"发动机"。2012年浙江省民营经济创造增加值22111亿元，占GDP的比重为63.8%，其中个体私营经济增加值20107亿元，占GDP的58%，对全省经济起着举足轻重的作用。截至2014年8月底，全省共有各类市场主体400.75万户，其中，私营企业104.89万户，个体工商户274.67万户；民营经济贡献了全省60%以上的税收，70%以上的生产总值，80%以上的外贸出口以及90%以上的就业岗位。

现如今，高速发展的浙江民营经济开始步入增速换挡、经济结构调整、政策消化三期叠加时期，浙江民营经济在发展过程中的各种问题也逐渐显现。

（一）浙江民营经济增速放缓，民营企业融资渠道少，融资困难

近年来，随着发展阶段的变化和节能减排硬约束的强化，民营经济发展越来越

---

① 项目资助：浙江省金融教育基金会2014年度一般项目（2014Y15）。课题组成员：方宜霞（主要执笔人），董瑞丽，王德英，龚梦雪，吴蕴赟，江逸。

作者简介：方宜霞，1980年出生，女，讲师，主要研究方向为金融投资。

多地遇到了用地难、融资难、用工难，以及原材料成本、融资成本和工资成本快速上升等问题，使那些靠拼资源、拼环境、拼价格的“三拼”民营企业面临生存的考验。民营企业的资金主要来自自身积累和民间借贷，直接和间接融资都存在较大困难，主要表现为贷款担保难，抵押手续繁，信用中介服务体系发展滞后。

（二）浙江民营经济空心化趋势明显，民间资本持有者盲目投资

从调研情况看，因为受浙江土地等资源要素的严重制约，加上外省招商引资的门槛普遍低于浙江等因素的影响，浙江民营企业转而迁往外省甚至是东南亚等国，这使浙江经济“空心化”的趋势比较明显。一种“创富模式”在浙江企业之间广为传递，企业请人家来管理，不求赚钱，只要维系一定的生产量就可以，自己则忙着“包装”企业，拿着“漂亮数据”或者企业联保去银行贷款，用贷款投资“副业”房地产、放高利贷、买地等，赚取的利润要远高于主业。在盲目投资或投机狂欢中，一旦经济形势发生变化，噩梦就会不期而至。

（三）民间借贷不规范且利率高，民企债务危机加剧金融风险

由于实体经济利润下降，且楼市限购、股市低迷、存款负利率，“投资无门”致使大量民间资本演变成炒资产的“游资”和“热钱”。量大面广的中小企业体制内融资难度加大，体制外融资需求十分强烈。两方面因素造成民间金融供需两旺，加之缺乏足够的引导和规范，致使民间金融脱离正常轨迹异化发展，民间金融“高利贷化”倾向严重。一旦爆发民企债务危机，民间金融将迅速面临巨大金融风险。

因此，浙江要积极顺应新常态，立足浙江实际，抓住机遇，应对挑战，着力推进民营经济转型发展、创新发展、跨越发展，将多余的民间资本引向金融业发展，为正在做实业的小微企业解决融资难问题。

二、民间资本介入金融业的发展诉求

资本逐利的属性决定了资本是经济增长的主要生产要素。在成熟的市场经济中，在开放的市场条件下，资本总是朝能够获得更高利润的领域，向具有更高效率的生产者、经营者、分配者流动。民营企业对资本的渴求和近些年股权投资高潮的兴起，使得他们对资本运作更加青睐，而金融则是他们谋求资本运作的一只有力的“抓手”。

（一）金融业的高收益性

2009年中国人民银行温州市中心支行对部分温州民企的调查问卷显示，34.1％的企业认为参股金融业的平均收益率高于企业主营业务收益率，27.3％的企业认为两者基本持平。2013年中国上市公司高管薪酬指数报告选取了2310家上市公司作为样本数据，结果显示金融业平均利润率为81.83％，是非金融业平均值的9.04倍，而中国制造业500强企业平均利润率仅为2.23％。据《人民日报》报

道，2013年中国500强企业中268家制造企业创造利润总和4382.4亿元，还不及五大国有商业银行利润总和的57%。这让温州民营企业继续投资金融行业的热情不减。一些民营企业认为，近年来由于人民币升值、原材料涨价、劳动力成本上升等，一些传统的制造业步履艰难。将眼光投向金融业，随着银行发展和壮大，肯定会带来丰厚回报。所以，自1996年1月12日，我国第一家由全国工商业联合会牵头组建，经国务院、中国人民银行批准且由民营资本控股的全国性股份制商业银行——中国民生银行成立以来，金融领域包括银行、证券、保险、信托、金融租赁、投资银行、基金等领域都有了民营资本的身影。

（二）弥补现有金融体系的不足

我国金融体系的不健全，导致金融资源主要掌握在银行、国企、大型企业的手中，中小企业融资难，农村的金融需求更是得不到满足。就浙江而言，目前的金融格局呈现"倒二八字结构"：浙江民营经济占总量约80%，但只有各类地方中小金融组织960家，民营金融机构业务量仅占全省金融机构业务总量的28%。这种金融格局与浙江地区超过3.3万家中小企业以及超过200万家小微企业的现状相比，显然不匹配。传统金融体系中处于弱势地位的中小企业和农村地区亟须民间资本的介入。民间资本在政策法规和监管部门允许的条件下介入金融业后，可以有效弥补我国金融体系的不足并在支持中小企业和服务"三农"方面发挥重要作用。

（三）金融业发展前景广阔

随着我国在国际经济中的地位愈发显要，以及多层次资本市场体系建设的进程加快，我国金融业的发展潜力巨大，产业前景普遍看好。目前已有很多金融机构，如中信证券、宁波银行等通过股份制改造和上市运作为股东带来了相当可观的回报。例如，1997年雅戈尔出资并作为发起人参股宁波银行，加上此后的若干分红和股份增加，目前持有宁波银行约9亿股的市值；1999年雅戈尔作为发起人参股中信证券，持有中信证券2亿股，14年来累计分红已超过2亿元。

三、民间资本介入金融业的发展路径

民间资本进入金融业，对于动员社会资金进入实体经济，促进金融机构股权结构多元化，激发金融机构市场活力，具有重要意义。浙江省金融系统围绕建设"金融强省"的总体目标，打造"中小企业金融服务中心"和"民间财富管理中心"，金融产业规模日趋扩展，金融机构体系日趋多元，区域发展特色日趋明显，金融业增加值、社会融资规模、存贷款规模和质量效益等主要指标均位居全国前列。

民间资本进入金融业是民心所向，但是由于存在着种种障碍和问题，民间资本在进入金融业时要选择好合适的发展路径，目前看来主要有以下几种：

（一）“潜入”传统金融领域

在直接获得传统金融机构营业执照很困难的情况下，民间资本可选择通过“曲线”的路径进入金融业，模式主要有两大类：一是通过购买股权，收购改制过程中中小型金融机构的所有权。二是在大型国有金融机构的绝对主导下，参与设立新型民间金融机构。虽然民间资本在传统金融领域内的话语权有限，但是投资收益稳定可观，例如雅戈尔投资宁波银行和中信证券都获得了颇为丰厚的收益。

（二）进入消费金融领域

消费金融公司主要提供以消费为目的的小额信贷，以区别于银行的信贷。可满足长期游离于传统金融服务之外的低收入群体的消费金融需求。这种方式不仅可以弥补金融服务中的一块空白，而且在刺激消费、扩大内需方面也是一个重要的金融创新。从长远来看，引导民间资本进入消费金融领域一方面能为其提供更大的发展空间，另一方面也可以促进金融业的市场竞争和多层次金融体系的建立。因此，鼓励和引导民间资本介入消费金融领域至关重要。目前，P2P及针对大学生这类低收入人群而开发的网贷分期付款消费产品发展迅速。

（三）支持新兴金融产业

传统的商业金融在选择贷款对象时往往青睐相对成熟的产业或企业，一些高风险的技术创新类企业、处于起步阶段的企业常常难以得到相应的金融服务和支持。这类被传统商业金融忽视的企业对于民间资本来说是一个很好的市场，开发这一市场不但符合民间资本“高风险，高收益”的偏好，还能够支持我国战略性新兴产业的发展。而且，将到处游猎的民间资本从楼市、农产品领域引向实体经济也一直是政府的愿望。民间资本可通过PE、VC、创业投资基金、天使投资等多层次股权投资体系，为新兴产业和创新企业提供金融服务以实现自身的增值。

（四）进入微型金融领域

在我国，传统金融主要以城市和工业化为对象，小微企业和农村一直是金融服务领域的弱势群体。而微型金融作为一种专门针对贫困、低收入人口和微型企业而建立的金融服务体系就显得尤为重要。因此可以鼓励民间资本按照《商业银行法》和《公司法》等法律法规发起或参与农村信用合作社、农村资金互助社、村镇银行和小额贷款公司等微型金融机构。这样可以适当地与银行的竞争市场错位，充分挖掘潜在的金融领域。

当然，民间资本介入金融业的发展路径，并不仅仅局限于上述几个方面，而更多的是取决于地区的实际情况和政府以及相关部门的主观能动性。

通过以上几种发展路径，浙江省民间资本进入正规金融机构的净资产已至少达到数百亿元。从2003年开始，包括杭州、温州、宁波在内的浙江8家城市商业银行，通过增资扩股已经基本完成了民营资本进入的过程，并且“民营股”均超过“政府股”，相应吸纳的民间资本达到30亿。截至2014年末，全省民营小额贷款公司达到344家、村镇银行71家、融资性担保机构495家、融资租赁公司105家、典当公司415家，成为民间资本入驻基层小微金融的新生力量。民间金融市场也逐渐规范发展，2014年末全省有民间融资服务中心29家、民间资本管理公司19家，当年管理民间融资规模160亿元，新型平台作用逐步显现。

四、阿里金融发展模式分析

自2002年，阿里巴巴推出“诚信通”的会员服务，阿里金融便开始萌芽发展。2009年，网络银行部更名为“阿里巴巴金融”，完成了组织架构的独立。2010年6月，浙江省阿里巴巴小额贷款公司宣告成立，2012年，阿里金融又涉足互联网保险业，2013年阿里组建小微金融服务集团，2015年6月，浙江网商银行正式获批开业。自此，经历了十多年风雨历程的阿里金融现已形成了八大核心板块，涵盖支付、信贷、担保、保险理财及投资并购、网商银行等。以平台业务为基础，以数据和信用为核心，面向消费者和小微企业行金融创新之路的“阿里号”金融战舰正式起航了。

（一）阿里金融发展模式

1.推出“诚信通指数”，建设征信体系

在网络交易与企业融资过程中，信息不对称是一个难以解决的问题，在缓解信息不对称方面，征信体系的完善尤为关键，阿里巴巴以民间的方式，建立“网上征信系统”，这个数据库正是日后阿里小额贷款得以壮大的重要基础。2002年，阿里巴巴推出“诚信通”的会员服务，为从事贸易的中小企业推出的会员提供网上贸易服务，要求企业在交易网站上建立自己的信用档案，并向买家展示。在此基础上，2004年3月，阿里巴巴推出“诚信通指数”，通过一套科学的评价标准来衡量会员的信用状况。这种信用交易的记录反映了企业真实的生产、经营以及销售情况，并通过科学的体系来衡量企业的信用状况，具有重要的参考价值，构成阿里金融运作的重要基础。

2.通过支付宝，开展支付清算业务

买卖双方缺少基本信任的保障，因此，网络交易通常难以顺利完成。经过5年的发展，到2003年，中国网络交易规模才达到10亿元；支付宝在2003年10月诞生于淘宝，第一单“担保”交易发生，支付宝“担保”交易的大规模使用促使电子商务买卖双方相互信任，使快捷、方便的网上交易得以实现，大大推动了中国电子商务业的发展；截至2013年底，支付宝实名认证的用户数超过3亿，2014年，支付宝的总支付金额达到了6230亿美元，约合38720亿元人民币。按照一年365天来算，支付宝日均支付量达106亿元人民币。

支付宝具有银行行间转账功能，从支付的环节来看，支付宝成为“独立支付商”（万建华，2013），已经兼具清算与结算的职能。

3.通过小贷和微贷，开展互联网信贷业务

小额贷款是阿里金融的重要组成部分，借助“诚信通指数”建立的商家“网上征信系统”是阿里金融得以顺利运行的基础。通过浙江阿里巴巴小额贷款有限公司和重庆阿里巴巴小额贷款有限公司两家小额贷款有限公司（以下称“阿里小贷”），阿里巴巴开展信贷业务。目前，阿里小贷提供两种不同类型的贷款服务：淘宝贷款和阿里巴巴贷款。其中淘宝贷款主要面向天猫、淘宝的商户，分为订单贷款和信用贷款两项业务，其中，订单贷款基于“卖家已发货”的订单申请，而信用贷款则完全基于商户的信用；阿里巴巴贷款主要面向阿里巴巴的会员。就贷款的比例而言，阿里小贷中的80%为淘宝贷款，投向淘宝、天猫和聚划算的商户，一般情况下这部分贷款的最高额度为100万元；剩余的20%为阿里巴巴贷款，投向了阿里巴巴的会员企业，一般最高额度为300万元。截至2013年6月末，阿里小贷投入贷款总额已超过1000亿元，客户超过32万户，户均贷款额度4万元。与此同时，受益于参与者广泛及对消费者行为与偏好的精确把握，阿里小贷的不良率只有0.84%，低于商业银行的平均水平。

4.成立商诚融资担保有限公司，扩大小额贷款规模

2012年9月，马云旗下的三家公司阿里巴巴、淘宝以及浙江融信网络技术有限公司联合在重庆注册成立商诚融资担保有限公司，注册资金3亿元，其中，阿里巴巴公司出资2.1亿元人民币，占注册资本的70%，淘宝以现金出资6000万元人民币，占注册资本的20%，融信公司以现金出资3000万元人民币，占注册资本的10%。

从事担保业务可以扩大小额贷款的规模：一方面因为小额贷款的地域限制以及审批监督非常严格，无法跨省市经营，小贷公司要想在其他地方扩张，必须在其他省份重新注册新的公司，这一过程中所消耗的时间和资源成本巨大；另一方面相比小额贷款不得高于1.5倍的杠杆率而言，担保的杠杆率可以达到3倍，这无异于放大了公司的贷款额度，可以服务更多或者具有更大资金需求的商户。

5.开展资产证券化业务，扩大小额贷款规模

信贷资产证券化引起市场的极大关注，源于阿里小贷的东证资管——阿里巴巴专项计划。2013年7月，阿里小微信贷与上海东方证券资产管理有限公司合作推出的“东证资管——阿里巴巴专项资产管理计划”获得证监会批准。阿里巴巴1号至10号专项计划的设立，是小额贷款类信贷资产以专项资产管理计划作为载体进行证券化的首次尝试。7月29日、8月13日成立东证资管——阿里巴巴1号、2号专项计划，获得机构投资者追捧，募集资金均达获批规模上限。

6. 设立众安在线财产保险公司，开展保险业务

2013 年 2 月 19 日，马云、马明哲与马化腾三人联手设立的众安在线财产保险公司已经走完监管审批流程，保监会于 2013 年 9 月 29 日发布同意其筹建的批文，注册资金 10 亿元人民币，注册地上海，阿里巴巴控股 19.9%，平安、腾讯和携程分别占股 15%、15%和 5%，余下还有多个网络科技公司股东。

众安在线的最大特点是除注册地上海之外，在全国均不设任何分支机构，完全通过互联网的方式进行销售和理赔服务。

众安在线业务险种包括：与互联网交易直接相关的企业/家庭财产保险、货运保险、责任保险、信用保证保险；机动车保险，包括机动车交通事故责任强制保险和机动车商业保险；上述业务的再保险分出业务；国家法律、法规允许的保险资金运用业务；保险信息服务业务；经中国保监会批准的其他业务。截至 2015 年 4 月末，众安保险已累计服务客户数超过 2.5 亿人，累计服务保单件数超过 16 亿件。

7. 推出余额宝，开展理财业务

2013 年 6 月 13 日，支付宝和天弘基金推出余额增值服务——余额宝，余额宝是由第三方支付平台支付宝打造的一项余额增值服务。通过余额宝，用户不仅能够得到较高的收益，还能随时消费支付和转出，用户在支付宝网站内就可以直接购买基金等理财产品，获得相对较高的收益，同时余额宝内的资金还能随时用于网上购物、支付宝转账等支付功能。转入余额宝的资金在第二个工作日由基金公司进行份额确认，对已确认的份额开始计算收益。余额宝的年利率约为 4.5%，超过当前银行活期存款利率 0.35%的 10 倍，并具有同样的流动性，其中的资金可以随时提取。自 2013 年 6 月 13 日上线以来，截至 2013 年末，余额宝的客户数达 4303 万人，基金规模达到 1853 亿元。

8. 网商银行开业，吸收存款、立足小贷

2015 年 5 月 27 日银监会发布公告称，批准浙江网商银行股份有限公司开业，核准其注册资本为 40 亿元人民币。业务范围包括吸收公众存款、发放贷款、办理国内外结算等。浙江网商银行拟打造全流程网络经营模式。网商银行以互联网为主要手段和工具，全网络化运营，提供具有网络特色、适合网络操作、结构相对简单的金融服务和产品。网商银行采取“小存小贷”的业务模式，客户群体为电商上的小微企业和个人消费者。具体而言，它专门提供 20 万以下的个人存款产品和 500 万以下的贷款产品。

（二）阿里金融发展模式优劣势分析（以网商银行为例）

1. 优势

(1)互联网的广泛运用是阿里金融降低交易成本的基础。

截至 2012 年 12 月底，中国网民规模达 5.64 亿人，全年共计新增网民 5090 万

人。互联网普及率为42.1%，较2011年底提升3.8个百分点，普及率的增长幅度相比上年继续缩小，互联网的广泛运用为阿里金融快速发展提供重要的技术基础。就第三方支付的交易路径来看，计算机和通讯技术的运用使得交易的信息流和资金流畅通、便捷。从对不同渠道的平均交易成本的比较来看，计算机和互联网技术的发展显著降低了金融交易的成本，而金融交易成本的降低提高了第三方支付机构提供服务所获得的利润，从而实现了规模经济。

(2)网上购物的发展是阿里金融降低信息不对称性的支撑。

电子商务与电子支付是现代生活的一个重要部分。随着中国网络零售市场的迅猛发展，线上消费的生活服务类型不断拓宽，交易规模持续增大，网上支付蕴含巨大的市场空间。2007—2010年，中国网络零售市场交易规模增长近10倍，从542亿元增长到5231亿元人民币。2011年依然保持44.6%的增长幅度，全年交易规模达到7566亿元，网络零售市场交易总额占社会消费品零售总额的比重已经达到4.2%。

从数据的采集情况看，2013年，金融机构的内部数据系统已经形成了相当庞大的数据体系，仅工商银行一家累积的数据规模就超过300TB，并且在这基础上形成了4.1亿个人客户和460万法人客户的信息视图和星级评价体系。但是，如此庞大的数据与淘宝相比如何呢？根据比特网的数据，早在2011年，淘宝每天的数据量就达到50TB。换句话说，工行目前全部累积的数据只相当于淘宝2011年前不到一周的数据量。而且淘宝等网站不仅记录交易数据，更是把点击、搜索、排序偏好、聊天记录等非交易数据一并存储下来并进行分析。多样化大数据最大的好处就是能够在数据间形成“交叉验证”，证实结论的合理性，但这是建立在大量数据的处理基础上的。相比之下，金融机构累积的数据量和数据形式都存在一定的局限。

在大数据面前，传统的采样分析等统计方式黯然失色。通过数据挖掘到的结论，可以精确刻画分析对象的行为倾向、偏好、能力，甚至是隐私，这些数据的采集、挖掘可以显著降低储蓄者与融资者的信息不对称性。

(3)信用环境有待改善是阿里金融风险承担的保障。

中国网上交易的需求持续增长，而线下信用体制不够完善，同时，银行卡组织建设时间较短，互联网的快速发展使得其对支付的需求远远快于支付基础水平，这些都推动了网上支付持续快速发展，阿里金融采取第三方担保交易模式，开创性地促进了电子商务的发展。在这一过程中，支付活动所产生的客户信息、交易信息大大增加，支付的基础功能被急剧放大，支付的价值不再局限于支付本身。通过对大数据信息的收集和挖掘，阿里金融能够对客户信用、行为、爱好等进行全面了解和掌握，并为其他业务提供必要的基础性支撑，从而为有针对性地营销客户、维护客户、推销金融产品和服务等提供有效保障，进而向投资者提供金融产品进行风险承担。

单纯的互联网界面虽然能为网商银行带来程序和数据上的便利，但却不能增强交易双方的信任。虽然网络银行可以省去做传统物理性网点的成本，但没有物理网点可能意味着金融交易难以发生，因此网商银行在发展过程中必然会遇到以下几个问题。

第一，没有物理网点的银行，易引发信用危机。金融的本质就决定了银行不能没有网点，因为在出现问题、需要服务的时候，人们都想要去一个看得见摸得着的网点得到服务。中国人如今比较缺乏诚信，亲朋好友都不一定敢借钱。人们不一定会把辛辛苦苦赚来的钱投资给看不见摸不到的网络银行。

第二，网络银行令违约和欺诈的风险大大增加。互联网金融产品在普及面、广泛度方面发挥作用的同时，欺诈空间也增加了。在对大数据的运用上，还没有一家公司能用大数据为金融资产风险定价，最多只是做做精准营销。网络银行现在还不能做到不需要与客户见面，也不需要实地考察，更不需要抵押担保质押来为资产风险定价。

第三，网络银行只能通过交易吸收存款，无法满足自主吸储的需求。网商银行充当“平台”角色，对接融资需求方和资金拥有方，促成大量所谓“交易型”业务。这样一来，交易涉及的资金流入或流出账户，均设立于网商银行之外的其他银行或者其他金融机构。“如果没有账户体系，很多业务都做不了。”

五、促进民间资本在金融业更好发展的策略建议

阿里金融是在阿里巴巴电商平台和数据服务业务基础上发展起来的新型金融业务模式。一方面，阿里巴巴 B2B 平台和支付宝平台上的注册用户是阿里金融强大的客户群支持；另一方面，数据服务提供的交易数据是阿里金融客户信用评级的核心资源。因此，阿里金融最大的优势在于以支付宝为主要业务的电商平台。阿里成功进军金融业的发展模式，虽然成为诸多民间资本争相借鉴的典范，但阿里金融得天独厚的电商平台优势不是每个民间资本持有者都具有的，而互联网金融是一把双刃剑，它能给阿里金融带来无限的便利，却也容易在监管、风险控制、服务等方面出现问题。如果这些问题解决不好，必然会成为阿里集团在互联网金融领域发展的绊脚石，因此，有必要尽早采取应对措施，在互联网金融风险形成之前，防患于未然。

（一）民营企业应建立与完善科学、健全的生产流程与管理制度，为进入金融业准备好技术、人才、资本与科学的管理模式

民间资本进入金融行业的行业壁垒与身份歧视现象是长期存在的，但大部分原因在于民营企业的生产管理流程无法承担进入金融行业的重任。面对“玻璃门”与“弹簧门”等各种对民营资本进入金融行业的无形约束，民营资本的主体应主动建立与完善自身的管理制度与规章流程，准备并集聚相应的金融业人才、资本、技术、管理经验或组织模式，不断地提升与完善自身，为进入金融业做好充分的准备，以形成经济增长的新动力与新引擎。

（二）建立全面的信用担保体系，扩展中小企业的融资渠道，降低民间资本在金融业运营的不确定因素以控制风险

民营资本在金融行业服务的对象主要是中小企业，由于中小企业的经营风险相对较大，且融资渠道较狭窄等导致中小企业应对风险能力较小。为从根本上控制民营资本在金融行业的经营经验、管理能力、服务对象及资金运作方面的不确定因素，降低民营资本的潜在经营风险，应大力扩展中小企业的融资渠道。一般而言，由于中小企业风险高、投资回报率低、回报周期长的特点，大型国有商业银行很少涉及中小企业融资渠道的领域。因此，要控制民营资本在金融行业种种的不确定因素与降低民营资本运行的潜在风险，作为政府垄断的大型国有商业银行应主动承担起扩展中小企业融资渠道，支持中小企业发展的重任。

针对民营资本在金融行业中面临的经营经验、管理能力、服务对象及资金运作等方面的不确定因素导致的潜在的经营风险，进入金融行业的民营企业应建立全面的信用担保体系。全面的信用担保体系首先要建立与完善针对中小企业的信用调查与记录体系，在遵循严格的信用等级制度的情况下，对于拥有良好信用记录的企业或客户，应给予其优先处理权与信贷利率上的优惠，对于拥有不良记录的客户或企业，依据具体情况具体操作的方法限制其信贷期限、规模等。其次，全面的信用担保体系还体现在健全的财产评估体系与财产抵押制度上，健全的财产评估体系与财产抵押制度可以在企业或客户经营不稳定无法归还贷款的情况下为金融机构降低风险，增加客户或企业还贷的准时性、半精确性。

（三）政府加强对金融行业的监管能力，密切监控民间资本的资金流动，逐渐完善金融行业的信息制度透明、公开化

政府对金融行业进行监管的同时，正确处理好国有资本与民间资本的比例，遵循公正、公开、公平的原则，禁止欺诈市场内外主体，禁止操作市场，实行金融监管与行政监管相结合的监管模式。中央政府应赋予地方政府一定的监管权力与范围，使得地方政府可以利用充分理解地方信息的优势，及时、全面地实行监管职责。为确保中央政府与地方政府的统一性，应建立全面、公开、透明的金融市场信息制

度,同时实行群众监督制度,以准确了解民间资本在金融业的发展方向及趋势。

【参考文献】

[1] 郭汉超,梁洪. 推进民间资本进入金融服务领域的对策研究[J]. 农业经济,2011(7).

[2] 林玲. 金融创新视角下我国直销银行发展的思考[J]. 上海金融,2014(12).

[3] 周中元. 我国民间资本进入金融业的主要模式及问题分析[J]. 中国商贸,2012(35).

[4] 李果. 我国直销银行运营模式探索[J]. 新金融,2014(7).

[5] 洪建捷. 民间资本进入金融业障碍与中国未来金融格局展望[J]. 经济师,2013(1).

[6] 杨涛. 民营资本进入金融业的根本问题[J]. 西部论丛,2010(1).

大数据时代的 P2P 网络融资研究[①]

——浙江省小微企业融资的创新

浙江金融职业学院会计系　彭　博

内容摘要:随着大数据时代的到来,网络融资平台相较于传统的银行业来讲,可以更加快捷方便地获取到小微企业经营的实际信息,进而解决传统银行的信息不对称、融资成本高等问题,给当前小微企业的融资难和融资贵问题提供新兴的解决方式。随着网络融资规模扩大,近几个月连续发生 P2P 倒闭潮,引人深思。本文主要分析网络融资平台存在的各类风险,并提出了相关的解决方法,以期这一互联网金融的新兴行业得到良好发展。

关键词:大数据　网络融资　风险　研究

近年来,小微企业已经成为经济发展过程中不可忽视的力量,在促进经济发展多元化,扩大就业规模,推动产业创新等方面体现了重要作用,但融资困难始终是阻碍企业发展的最大障碍。尤其是 2012 年以来,我国宏观经济下行,小微企业经营困难,营业收入乏力,经营成本持续高涨,导致小微企业在长三角、珠三角等地出现了大批的倒闭潮和跑路潮,造成了一定的经济影响和社会不安定因素。尽管各级政府采取了一定的措施改善小微企业的融资环境,但问题并未得到有效的解决。部分企业主曾认为企业经营的现状较 2008 年国际金融危机时更加困难,融资难问题比以往任何时刻都更加突出,融资面临前所未有的困难。

一、发展小微企业具有重要作用

小微企业相对于大中型企业而言,在人力、物力等方面有明显的不足,在竞争中处于弱势地位。然而,小微企业作为一个整体,对于经济的发展有重要的作用,

---

① 项目资助:浙江省金融教育基金会 2014 年度一般项目(2014Y24)。课题组成员:彭博(主要执笔人),李华,伊娜。

作者简介:彭博,1983 年出生,女,讲师,主要研究方向为公司理财和互联网。

具体包含以下几个方面：

(一)促进经济多样化发展，创造更多的就业机会

现在我国经济从高速增长逐步向稳定增长过渡，小微企业对于经济能否保持更有创新活力的增长，具有不容忽视的作用。从小微企业所处的行业来看，绝大部分是生产与人民生活息息相关的轻纺、家电、食品、饮料等行业，具有品种多样、生产规模灵活等特点，其以小型加工行业和服务业居多，为生产消费品的稳定有效做出了一定的贡献。小微企业自身具有创造就业机会、稳定社会环境的重要作用。在市场经济中，小微企业在创造就业机会方面的作用越来越重要。随着经济改革的不断深入发展，尤其是新农村城镇化建设的逐步推进，如何有效地解决失地农民的再就业问题，使其合理有效地体现能动性，是各级政府不容忽视的一个问题。而小微企业具有投资少，对劳动力的专业技术水平要求不高，可以吸纳更多的失业人员和农村剩余劳动力等特点。

(二)主动要求创新，满足多样化需要和深化企业发展

企业经营过程中，小企业具有产业规模小、资本投入少、技术门槛低、经营方式多样等特点，行业竞争日趋热烈，企业的生命周期不断缩短，企业主的危机意识比较强，更具备求生存谋发展的动力，使其更加主动地进行市场的定位和分析，创造性地满足消费者的需求，快速掌握市场发展的契机，活跃了市场的竞争力，满足了不同层次的需求。与此同时，在企业改革的过程中，由于小企业自身具备经营方式灵活，企业自主经营意识强烈等特点，政府往往都采用对某一行业的小企业进行改革试点，如果成功后再进行大面积的推广和宣传，这在一定程度上为深化改革起到了作用。

(三)分析自身优势，主动进行转型升级

中小企业自身经营灵活，形式多样，同时资本投入小，在激烈的市场竞争中，在需求增长放缓、成本持续上涨的情况之下，小微企业竞争加剧异常严峻。企业会更多地从自身优势出发，主动寻找新的突破点，进行转型升级，如扩大自主品牌的建设，延伸产业链经营，自主研发新产品的建设，提升产品质量，为进一步走高端路线做准备。

二、小微企业融资困难的原因

(一)小微企业无力满足抵押式担保，担保链风险极高

在现行的贷款程序中，大部分银行需要小微企业进行不动产的抵押担保，才准予发放经营所需的贷款。绝大部分小微企业由于生产经营设备简陋，只能将有限的资金用来维持企业正常地运转，没有足够的厂房和设备可以提供有效的担保。即使小微企业自己采用担保链的形式来解决生产经营之所需，实际情况也不容乐观，往往一家企业发生财务风险就会触及产业链上的其他相关企业，加之小微企业

本身资金实力有限，往往因为担保了相关企业，就面临着破产的风险，进而造成整个行业的经营危机，对行业的发展极为不利。

（二）信息不对称问题突出

小微企业由于自身的组织结构有限，缺乏高素质的财务管理人员对其建立符合会计准则的财务报表及信用记录等相关信息，而小微企业自身经营的实际情况，企业主的信用状况金融机构一般很难通过明确信息直接获取，这使信息不对称的问题进一步严重。银行无法判断小微企业的实际财务状况，银行的操作风险和不良贷款的风险就会进一步增加，进而选择慎贷、惜贷。

（三）缺乏适宜小微企业融资的金融业务模式

传统的金融机构从资金安全的角度考虑倾向于把资金贷给大中型企业，资金安全有保障，但对于小微企业而言，银行难以根据财务报表来判断企业的信用状况，而且对小微企业贷款从控制成本和风险角度来讲没有大中型企业有效。这进而使小微企业从金融机构获取贷款有了障碍。

（四）法律法规不健全，政策监管缺失

政府对小微企业的金融支持力度不够，没有出台相关的法律规范，或是实际发生的情况没有相应的法律可以进行约束。尤其是近两年发展的网络融资风生水起，在一定程度上缓解了小微企业的融资问题，但处于无准入、无规范、无监管的状态，导致了一批网络融资企业倒闭，投资者的资金遭受损失。作为互联网金融最活跃的分子，网络融资的发展期待着在政府监管下良性发展。

三、P2P 网络融资的现状

（一）网络融资的现实意义

麦肯锡全球研究所发布的《大数据：下一个创新、竞争和生产率的前沿》报告，引起了大数据话题的热议。2012 年 3 月，美国政府投资 2 亿美元启动“大数据研究和发展计划”，把大数据从商业层面上升到国家战略层面。大数据的应用已经引起了多方面的关注，随着企业信息化的逐渐普及和迅猛发展，电子商务企业积累了网络交易过程中的海量数据，以灵活、便捷、低成本为特征的互联网金融的服务模式与产品设计更加匹配于小微企业的融资需求；凭借“大数据”应用，互联网金融机构在掌握客户运营等方面更具先天优势，基于大数据应用的网络融资模式完成了信贷中介在互联网生态中的转型，旨在突破束缚小微企业融资的信息与成本枷锁，一定程度上扭转信贷资源分配的不对称格局。

随着企业信息化的逐渐普及，同时是银行业务的创新和电子商务的创新的网络融资出现，试图解决小微企业融资难、融资贵的问题。网络融资是指企业利用网络融资平台与银行等金融机构进行借贷活动。企业作为资金需求方通过在网络平台填写企业基本资料、盈利状况、资产规模等客观资料，借助网络平台向金融机构提出需求申请，然后由银行相关方面审核，批准后发放贷款。网络融资对金融产业、实体经济具有双重创新意义，网络融资在资金的提供者银行、广大小微企业和第三方电子商务平台三方共赢的基础上，简化了融资流程，解决了信息不对称因素，弥补了小微企业无抵押物、信用缺失等不足，在一定程度上可以预期会有更好的发展空间和成长机会。

在我国，最早的P2P网贷平台成立于2007年。在其后的几年间，国内的网贷平台还是凤毛麟角，创业人士涉足的很少。直到2010年，网贷平台才被许多人士认为是具有价值的，开始陆续尝试。2011年，网贷平台进入快速发展期，一批网贷平台踊跃上线。2012年，我国网贷平台进入了爆炸式的发展期，网贷平台如雨后春笋般成立，比较活跃的有400家左右。

进入2013年，网贷平台更是蓬勃发展，以每天1—2家上线的速度快速增长，平台数量大幅度增长所带来的资金供需失衡等现象开始逐步显现。据不完全统计，国内含线下放贷的网贷平台每月交易额近70亿元。与此同时，也有近200家平台跑路，涉案金额数十亿元。

（二）网贷平台数量

1. 平台总体数量情况

据网贷天眼数据中心不完全统计，截至2015年6月30日，我国P2P网贷平台数量达2761家，其中在运营平台数量为1987家。广东省累计平台数量稳居首位，累计达483家，占全国累计平台总数的17.74%。累计平台数量过百省份（直辖市）依次为广东、山东、浙江、北京、上海、江苏、安徽。七省市累计平台数量占全国平台总数的72.09%。其后，四川省、湖北省平台数量均超90家，河南、福建、湖南、河北四省平台数量均超过50家。（如图1所示）

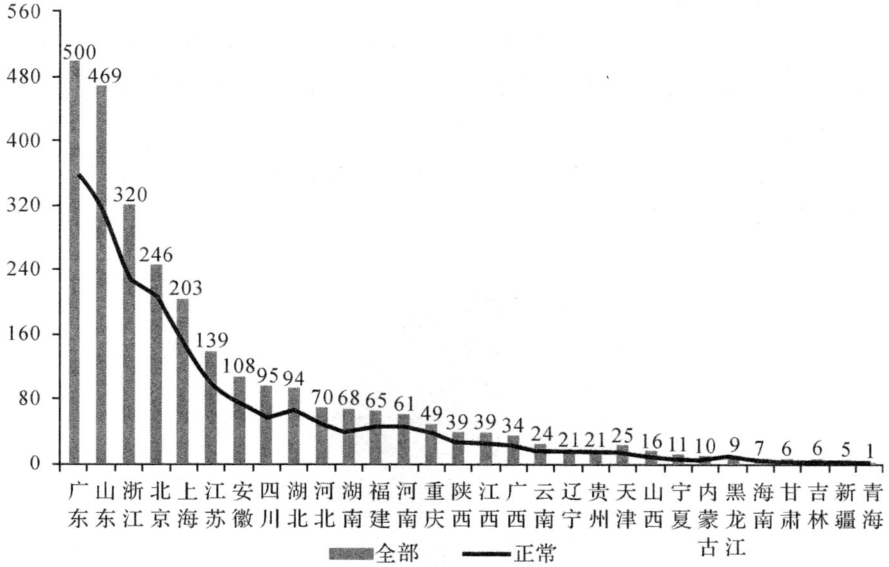

图1　全国2761家平台地域分布情况(截至2015年6月30日)

(注:不包括未知省份的平台　来源:零壹研究院数据中心)

2.2015年上半年新增平台情况分析

2015年上半年全国新增平台达659家,较2014年下半年的886家下降25.62%,较2014年同期493家上升33.67%。进入2015年,平台数量增长速度有所放缓,虽然在春节走低后,有了短暂的回升,但5、6月,新增平台数量再次走低,2015年6月新增平台数仅81家。2015年上半年的新增平台主要集中在山东、广东、浙江三省,分别有216、75、64家,其余各省在上半年的新增平台数均低于50家。(如图2所示)

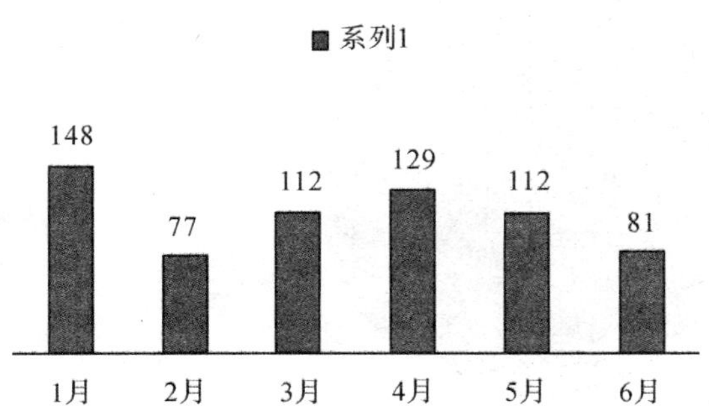

图2　2015年上半年新增平台数

3.新增问题平台数量分析

2015 年上半年,新增问题平台 448 家,较 2014 年下半年的 224 家上升了 100%,较 2014 年同期的 57 家上升了 685.96%。448 家问题平台分布全国。其中山东省新增问题平台 123 家,占比 27.46%,排首位。广东、浙江位列其后,分别为 67 及 42 家问题平台,2015 年上半年各地问题平台数量较 2014 年下半年有较大幅度的上升。(如图 3 所示)

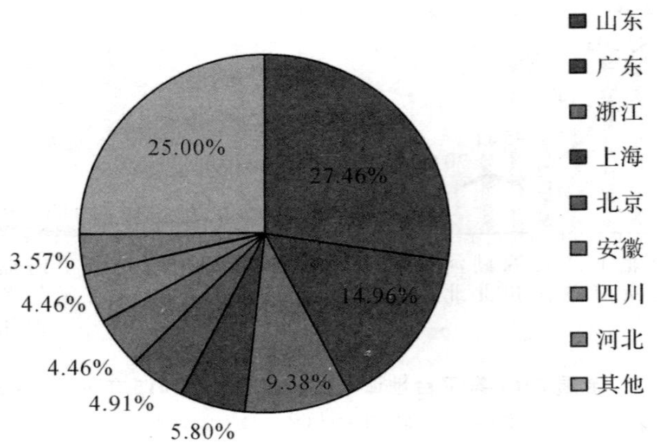

图 3 新增问题平台区域分布图

4.新增平台问题分析

2015 年上半年问题平台问题类型以失联为主。2015 上半年,新增失联平台数占新增问题平台数的 46.4%,结合诈骗、停止运营等问题,2015 年上半年新增不再运营平台数达 259 家,占 2015 上半年新增问题平台总数的 57.8%。(如图 4 所示)

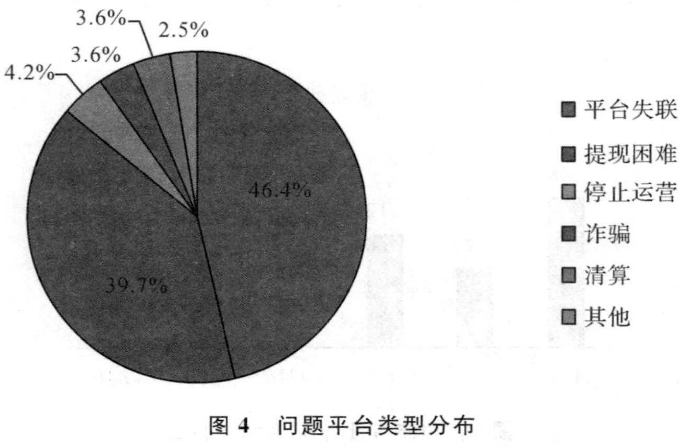

图 4 问题平台类型分布

网贷行业继续呈现平台净增加的态势,但是跑路风险依然很高,行业处于疯狂增长但尚未稳定阶段。

（三）网贷成交金额

截至 2015 年上半年底，中国 P2P 网贷行业的累计成交量已经超过了 6835 亿元。2015 年上半年网贷行业成交量以月均 10.08%的速度增加，上半年累计成交量达到了 3006.19 亿元。按照目前的增长态势，预计 2015 年下半年 P2P 网贷行业成交量将突破 5000 亿元，全年成交量将突破 8000 亿元。（如图 5 所示）

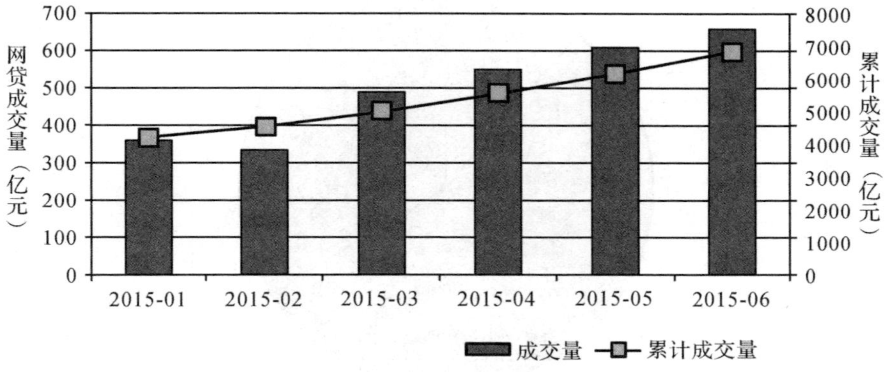

图 5　2015 年上半年各月网贷成交量

1. 网贷成交利率

2015 年上半年网贷总体综合收益率为 14.91%。1 月份是上半年综合收益率最高的 1 个月，此后 5 个月基本处于下降的走势（5 月出现了微幅的反弹）。截至 2015 年 6 月底，网贷行业综合收益率为 14.17%。随着上半年多次央行降准降息宽松的货币市场环境形成，网贷行业的总体综合收益率仍然有进一步下降的空间。（如图 6 所示）

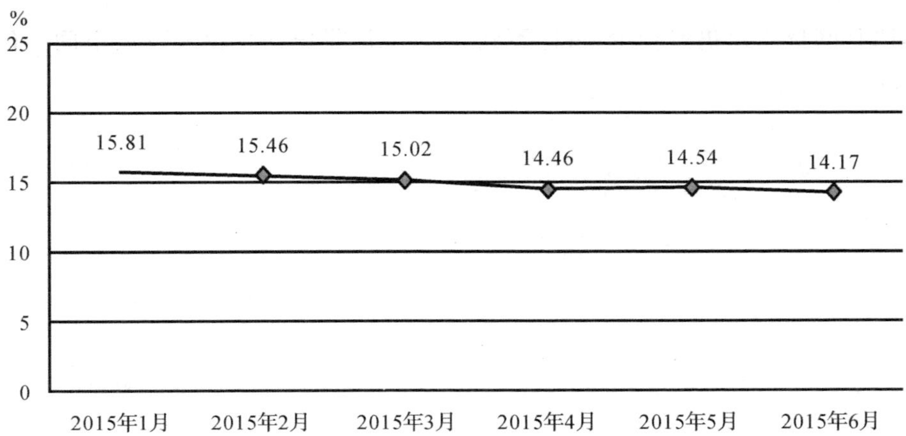

图 6　2015 年上半年各月综合收益率走势图

2. 网贷收益率区间分析

2015 年上半年网贷行业主流综合收益率区间为 15%—20%，占比达 33%；40%及以上收益率平台占比为 3%；综合收益率 15%以下的平台合计占比为 33%。通过每月平台收益率分布变化分析，高息平台比例持续下降，15%—20%主流收益率区间优势扩大，15%以下平台占比增速较快。（如图 7 所示）

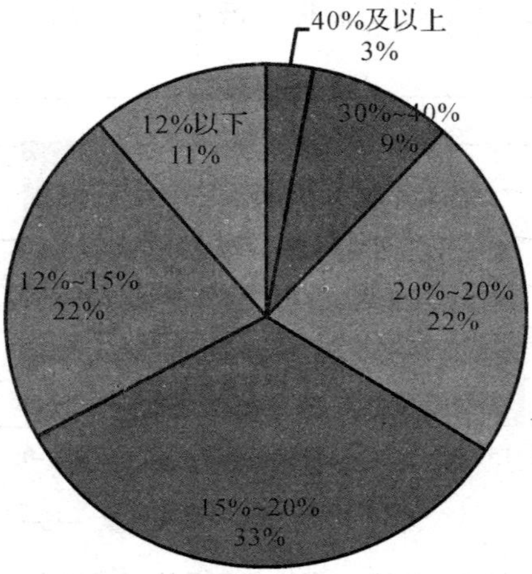

图 7 各综合收益区间平台分布

（四）交易双方情况分析

1. 网贷交易双方数量分析

2015 年上半年 P2P 网贷行业投资人数与借款人数分别达 218 万人和 106 万人，较 2014 年全年投资人数与借款人数分别增加了 87.93%和 68.25%。今年以来 P2P 网贷行业人气大幅增加，至 2015 年 6 月单月活跃投资人数与借款人数分别上升至 154 万人和 33 万人，网贷的影响力正逐步加大。不过相对于互联网理财用户数，P2P 网贷用户仍然较少，占比不到 3%，P2P 网贷具有较大发展空间。（如图 8 所示）

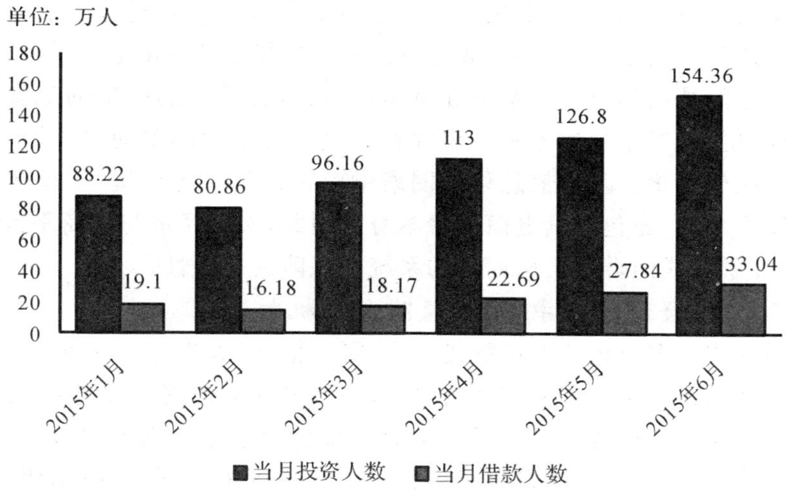

图 8　2015 年上半年各月活跃投资人数、借款人数

2. 网贷交易投资人分类情况

2015 年上半年网贷人均投资金额和人均借款金额分别达 13.76 万元和 28.30 万元。从中选取运营较为稳定、成交量较为活跃的网贷平台，首先发现 2015 年单月单个平台投资金额介于 0—1 万元的投资人数最多，占比高达 65.56%，其次投资金额为 1 万—10 万元之间，占比高达 27.68%。单月单个平台投资金额在 100 万元以上的投资人数占比为 0.36%，大户主要集中在红岭创投、陆金所、鑫合汇等平台。

从借款人角度来看，2015 年上半年，单月单个平台借款金额介于 0—10 万元的借款人最多，占比高达 84.11%；其次为 10 万—100 万元之间，借款人数占比达 13.59%；100 万—1000 万元与 1000 万元以上的借款人数占比分别为 2.1% 和 0.2%。综上可以看出，P2P 网贷仍然以小额借贷为主，其本质并没有发生改变，仍然服务于广大的草根阶级。

网络融资作为一种新生融资渠道，在取得了令人欣喜的成绩的同时，呈现快速发展态势。同时也面临着诸多的不足，本文将从多个角度分析网络融资面临的风险。

四、P2P 借贷平台存在的风险

(一)量化系统性风险存在挑战

网络平台建立在大型的计算机设备之上，通过中小企业经营过程中的大数据进行分析，建立评价模型来量化考核，然后请专业的网络融资机构人员进行判断。

这一分析模式，潜在的问题是量化模型的参数如何设定。同时这种量化指标都是根据历史经营的数据来进行分析，如何使这些通过模型计算的数据及时进行更新，如果企业所处的外在环境发生系统性风险，如何从已建立的模型的基础上进行改善，使其及时更新，对于量化考核来讲存在挑战。对量化模型而言，最大威胁即是系统性风险如何量化。基于信息化的网络融资机构的系统环境，不仅包括企业所处的宏观经济环境，还包括其电商平台本身。因此，宏观经济与电商平台两种模式的融合，增加了互联网金融机构面临的系统性风险的复杂性。

（二）信用风险过于集中，缺乏风险分散机制

网络平台作为中小企业融资的提供方，资金信息、借款方信息和信用评级等业务完全由网络平台一家部门来控制与界定，网络融资机构成为信用风险的集中地。网络平台虽然在一定程度上保证了电子商务交易资金流和物流的有序流动，提高了资金交易的信用度，但是它以自身的信用承担担保的责任，欠缺信用担保机制，由于其本身不是金融机构，与银行信用的广泛可接受度相比，还存在很多的不确定因素，从一定程度上制约了网络融资业务的发展。不仅如此，大部分网络融资平台为顾客提供的多是无抵押无担保的贷款，并未设置任何本金补偿或保障业务，一旦风险爆发时，其所产生的损失只能靠融资平台本身或投资者来承担。与传统的商业银行相比较而言，传统的商业银行可以直接接触到具体的企业负责人，监控贷款方的企业实际运营状况。

（三）征信体系尚不完善，缺乏全面的信用体系

征信体系建设对于解决小微企业融资问题非常关键。目前我国只有央行的征信系统，仅供各大银行使用，对小微融资平台并未开放，从而融资机构也无法与其对接，获取其相关的数据，更没有办法在此基础上进行相关风险的评估。

（四）监管缺失，缺乏相应的法律法规的规范

缺乏专门对 P2P 的监管部门，以及对互联网金融行业进行监管的专门法律，网络融资还是一个新生的事物，网络融资企业到底是互联网企业还是金融公司，自身的定位不准确，目前还处于探索的阶段，还没有明确的法律法规的规范指引，不确定性风险还很高。因此，网络融资及至整个互联网金融的发展正处于探索阶段，所有的较大规模的网络企业相当程度上都依赖政策的“网开一面”。在这种环境下，冒着不符合法律规范的风险，网络融资平台要想获得与商业银行同等的地位显得遥遥无期，一定程度上缺乏法律法规的规范和引导，有可能使其步入歧途。

（五）企业盲目快速发展带来的成长之痛

作为第三方的网络融资平台，企业自身处于快速发展时期，自身拥有充足的资源和行业声誉，企业会利用其资源，盲目地进行投资和市场开发，而没有考虑到企业在快速发展过程中的管理、人才、技术和风险等的提升，没有更高层次地去满足

客户的需求，以及分散经营风险等，这些对于网络融资业务的提供方来讲都是发展中不可避免的问题。

五、风险对策研究

（一）建立更加完善的网络融资系统

试图利用大数据进行数据分析，解决网络融资过程中面临的风险问题。促进大数据时代中数据的共享和合理的开发；各融资平台能够结合企业、政府、工商、税收、水电公司等平台的数据综合来判断小微企业的实际情况，根据专业的评级机构的评价信息来判断企业的信用等级，并且动态地系统地实时监控企业的信用风险和财务安全。

（二）完善相关的法律法规，健全全方位的监管体系

国家的相关法律制定部门制定和完善相关的法律法规，规范网络融资行为的发展，在网络融资过程中规范政府、企业、银行、担保公司、贷款方等多个角色的界限，使企业的交易合法、合理、有效。设立公开、透明的项目信息、公司信息披露制度；建立有效的风险准备金制度，准备金由银行托管；规定 P2P 平台的往来资金可监控。

（三）规范企业成长的空间，增强行业间的企业自律行为

扩大行业进入门槛。应尽快明确 P2P 相关监管部门；对 P2P 机构进行登记备案；参考小贷公司等金融机构管理标准，设立一定门槛。建立行业自律委员会，规范行业有效地发展，共享大数据提供的平台，挖掘大数据的内在潜质，降低网络融资的风险，企业之间相互形成良性的竞争优势，更好地为实体经济服务。

（四）合理创新金融产品，有效降低贷款风险

企业应当从我国的实际情况出发，专心做好小微企业融资服务业务，不断熟悉客户，创新贷款产品，建立合理的资本结构，同时借鉴世界范围内的先进网络银行开发网络信贷审批技术，开发一套数据模型自动评估系统、贷款审查实时系统、贷后风险预警及实时追踪收回系统，使风险降低。

（五）借鉴国外网络融资的经验

借鉴国外发达国家的小微企业融资管理体系，如积极开发独立的针对小微企业和企业主的联合的征信体系，除了具备传统的反映企业生产经营财务状况的数据，还应该提供企业主的健康状况、婚姻情况、子女情况等非财务信息，以方便借款人综合地评价和判断贷款信息的安全。

目前，处于网络融资行业发展的关键时期，在发展过程中产生了新的风险，原因众多，总的来说，我们需要将小微企业、互联网、融资服务机构三个要素组合在一起，用互联网手段构建各方参与、大规模协作的平台，批量解决中小企业融资难问

题,使网络融资作为互联网金融发展的先锋业务取得稳健发展的可能。

【参考文献】

[1] Ahlin C, Robert M T. Selection into and Across Credit Contracts: Theory and Field Research[J]. Journal of Econometrics, 2006(2).

[2] Ahlin C , Robert M T. Using Repayment Data to Test Across Models of Joint Liability Lending[J]. The Economic Journal, 2007, 117(517).

[3] Berger S and Gleisner F. Emergence of Financial Intermediaries in Electronic Markets: The Case of Online P2P Lending[J]. Working Paper, Business Research, 2009, 2(1).

[4] 陈国平.钱江东去:浙江金融发生了什么[M].北京:红旗出版社,2011.

[5] 王艳,陈小辉,邢增艺.网络借贷中的监管空白及完善[J].当代经济,2009(12).

[6] 胡瑞光.美国促进小微型企业发展的融资经验及启示 [J].华北金融,2011(11).

商业银行电子商务发展策略研究[①]

浙江金融职业学院经营管理系　张　颖

内容摘要：中国电子商务已进入高速发展期，除传统的电商业务外，电商企业还不断思考并实现向金融行业的跨界迈进，商业银行正面临着全方位的挑战。在互联网与电子商务蓬勃发展的今天，通过电子商务拓展新客户，创造新的利润增长点是银行不二的选择。本文基于电子商务发展现状，分析了商业银行发展电子商务的必要性及其发展优劣势，提出了商业银行发展电子商务的对策建议。

关键词：商业银行　电子商务　发展策略

一、我国电商发展现状

2014年，国家及各地方政府纷纷出台政策措施，以促进电子商务持续健康发展为目标，着力完善发展环境，重点加快应用推广，电子商务得到蓬勃发展，交易额增长率一直保持快速增长势头。中国电子商务研究中心发布的报告显示，2014年，中国电子商务市场交易规模达13.4万亿元，同比增长31.4%。其中，B2B电子商务市场交易额达10万亿元，同比增长21.9%。网络零售市场交易规模达2.82万亿元，同比增长49.7%。

当前，我国电子商务经济发展呈现出一些突出特点：相关服务业发展迅猛，已经初步形成功能完善的业态体系；零售电子商务平台化趋势日益明显，平台之间竞争激烈，市场日益集中，开始出现一种新型的垄断（或寡头垄断）局面；电商平台的地位和作用日益凸显，电商平台、政府监管部门与进行网上销售的企业之间正形成一种新的市场治理结构；跨境电子交易发展迅速，但是尚未形成有效的发展模式；区域发展不平衡情况显著，电子商务服务企业主要集中在长三角、珠三角和北京等

① 项目资助：浙江省金融教育基金会2014年度一般项目（2014Y25）。课题组成员：张颖（主要执笔人），陈月波，邱勋，刘海。

作者简介：张颖，1980年出生，男，讲师，主要研究方向为电子商务和创业教育。

经济发达地区，而且出现企业日益集中的趋势。

B2B 电子商务方面：目前 B2B 电子商务仍然是电子商务的主体，但以信息服务、广告服务、企业推广为主的 B2B 1.0 时代已逐渐退去，以在线交易、数据服务、金融服务、物流服务等为主的 B2B 电子商务新时代已经到来。B2B 的在线交易仍在探索当中，创新模式也需接受市场的检验，全产业链的配套服务仍需进一步深化和挖掘。预计 3—4 年内，中国 B2B 电子商务市场将保持较平稳增长。

网络零售方面：2014 年，中国网络零售市场取得快速发展，随着阿里巴巴、京东、聚美优品的上市，网络零售市场的竞争愈加激烈。B2C 将继续推动网络零售市场的发展，交易规模超过 C2C 指日可待。另外，京东、苏宁易购、唯品会、聚美优品、当当网等电商在移动端有更多投入，手机端各类应用迅速拓展。用户的购物习惯也逐渐从 PC 端转向移动端。

从 B2C 市场未来发展情况看，随着网络零售用户网络购物意识的逐渐成熟及网络购物行为的日趋理性，产品品质及服务水平成为影响网络购物用户购买决策的重要因素，对品质产品的诉求将继续推动 B2C 市场的高速发展。从网络购物市场看，B2C 市场在网络购物整体中的占比将持续提升。发展趋势上，将呈现出电商渠道下沉、跨境进口电商集中爆发、移动电商渐成主流、线上线下相融合等趋势。

O2O 方面：我国本地生活服务 O2O 市场发展快速，餐饮、休闲娱乐等 O2O 粗具规模，但本地生活服务 O2O 在整体本地生活服务市场中渗透率较低。未来随着实物类电子商务用户群体网络消费内容的不断扩大、移动互联网的飞速发展都将推动本地生活服务 O2O 快速发展。

跨境电商方面：我国的跨境电子商务市场发展势头十分强劲，其中蕴含着巨大的潜力。2014 年，中国跨境电商交易规模为 4.2 万亿元，同比增长 33.3%。从政策层面看，国家出台了一系列跨境电商促进政策，为跨境电商提供政策支持。从市场需求看，除了国外消费者对中国国内物美价廉商品的巨大需求外，中国消费者对海外优质的品牌商品也有同样旺盛的购买需求。从企业来看，除了既有行业内的大量外贸电商企业外，内贸电商企业也纷纷实施国际化战略，布局跨境电商业务。

跨境电子商务的发展，将满足国内消费市场的需求，提高我国进出口贸易的竞争力，扩大中国经济对世界的影响力。同时跨境电商的发展，也会促进传统物流向现代物流的转变，使电子商务的产业链更加完善，并能在一定程度上促进外贸监管方式和税收征管方式的革命性变革。

二、商业银行发展电商的必要性

（一）是大势所趋，也是市场需求

随着云计算、大数据技术等互联网创新的应用，互联网发展进入了新的阶段，互联网与各行各业的融合正在改变着人们生产生活和理解世界的方式,成为创新的重要源泉。在“两会”上,“互联网+”行动计划被正式写进政府工作报告,互联网正在深刻改变整个经济社会生态。商业银行从推出网上银行到建设集约化中心,再到发展网络融资,一直以来都是互联网和信息技术的应用领先者和创新推动者。商业银行拥有雄厚的客户基础,广泛的业务范围,海量的信息数据及雄厚的技术和资本实力,因此搭建电子商务平台是其在“互联网+金融”创新实践中的顺势而为,银行“触电”是大势所趋。

银行需要因时而变、因需而变。从企业客户来看,传统行业互联网化势不可当,互联网正深刻改变着企业的研发、生产、推广、营销、服务、运营等全流程的经营行为。“互联网+传统行业”带来了跨越行业界限的质的飞跃,企业需要电子商务领域的发展助力。从个人客户来看,互联网消费群体正在逐渐成为主流,对网络购物的品质要求也越来越高,消费者需要安全放心的网络购物环境。商业银行跨界电商正是为了满足企业和个人客户的真实需求,帮助广大企业实现“互联网+”,打造企业与企业,企业与个人,客户与银行之间互联互通的综合化金融服务平台。

(二)地位逐渐边缘化

银行作为资金中介,一直以来都在商业交易中占据核心地位。但随着电子商务的发展,特别是第三方支付的引入,它的地位正在被逐渐边缘化。由于电子商务平台普遍不向银行提供具体的交易信息,银行的作用现已逐渐蜕变为简单的资金提供者,无法再像以前那样,精确掌握用户的资金去向和消费内容。而这些交易数据,在大数据的今天,能用来形成用户画像,为商业银行新产品的开发和差异化经营提供强有力的支持和保障。

(三)核心业务受挑战

电商挑战商业银行支付结算业务,如支付宝。支付宝的横空出世,无论从支付、消费、体验上都给大众耳目一新的冲击,也给银行带来沉重的打击。支付宝的跨越式发展由快捷支付开始,随着电子商务成为大众的购物渠道,其认证用户数激增,用户黏性也大,方便用户也给大众另类体验。

电商挑战商业银行的贷款业务,如P2P产品。P2P指个人与个人之间的借贷,一般由平台公司为中介机构,把借贷双方对接起来实现各自的借贷需求。借款方可以是无抵押贷款或是有抵押贷款,而中介一般以收取双方或单方的手续费为营利目的或者以赚取一定息差为营利目的。P2P理财让小额贷款成为可能,网络化的操作方式使得贷款效率更高,操作体验更好,这些都是商业银行所不能提供的。

三、商业银行发展电商的优势与劣势

一是信誉优势。商业银行经营多年打造的良好商誉为银行系电商提供了信誉背书，这成为客户选择银行系电商平台的重要原因之一。客户倾向于认为银行系电商平台的产品来源渠道正规，质量更为可靠。

二是金融优势。在支付领域，商业银行完善的支付结算体系保证了支付效率，雄厚的科技后台实力和严格的内控制度保证了支付的安全性；在融资领域，商业银行拥有先进的信用审查制度、定价模型，风险管理水平较高；在资产管理领域，商业银行严格的项目审查和资金运营水平能够更好地保证客户资产的安全与收益。

三是实体优势。商业银行拥有数量庞大的线下实体资源，如果能够带动线下实体商户和线上销售的对接，以及线下售后服务和物流环节的衔接，则能够大大增强对客户的吸引力。未来随着O2O模式的不断成熟，银行系电商的这一优势将成为其核心竞争力。

四是客户基础优势。商业银行拥有庞大的客户群体，若引导得当，这些客户都可成为银行电商平台的潜在客户。银行遍布各地的网点比互联网企业更接地气，更容易掌握客户的真实信息。

五是对于商户的价格优势。银行系电商着眼点在“融”不在“商”，且大部分都处于“招揽生意”阶段，对商户收费往往较低，有的在初期甚至费用全免。而传统电商大多都向商户收取年费及成交额5%—10%不等的佣金。

六是资金优势。按照经验，电商平台运营初期是“烧钱”阶段，不少较有创意的电商平台在这一阶段因资金不足而夭折。银行系电商平台背后有实力雄厚的银行支持，可以在前期做较大投入，以更好培育市场、吸引流量，做长远规划。

作为传统金融企业和电商市场的后来者，银行系电商的发展也面临一定制约。

一是体制机制的局限。银行作为传统的金融巨人，自身有着一套完整严密的管理体制和运营机制，这是银行得以生存和壮大的根本，但也恰恰成为银行系电商发展的掣肘，如体系庞大、业务流程长、部门之间协调成本较高等。

二是经营思维与企业文化的局限。在长期的经营实践中，商业银行形成了适用于传统金融业务的稳健经营思维和企业文化，有时出于安全性考虑会在一定程度上降低业务的便捷性，这在业务创新日新月异的电商领域略显“水土不服”。

三是经验和人才的缺失。一方面，银行员工大多为经济金融背景，具备电子商务、大数据分析等思维和技能的员工较少；另一方面，我国银行系电商尚未探索出成功的商业模式，平台上提供的供应链融资、物流和仓储等业务模式尚未成熟，这些都需要“摸着石头过河”。

四是后发劣势。在互联网行业，先发优势对于一个企业在行业中的地位至关重要。目前,客户已习惯于在先前的电商平台购物,将其引流到银行系电商的难度较大。

四、商业银行发展电商现状分析

(一)银行系电商的现状

近年来,银行业跟随科技的发展与客户关注的焦点,不断调整电子渠道发展战略,从电子银行到手机银行,再到电子商务,始终追随着变革的脚步。近期以来,多家银行推出了更为高层次的电子商务平台,与之前更关注个人客户相比,现在银行所推出的电子商务平台增加了关注企业客户及融资等信贷类金融服务。

我国电子商务经过多年蓬勃发展,取得了令人瞩目的成就。众多电商在电子商务市场拼杀之际,同样看到电子商务香饽饽的国内银行业不再只是象征性地开个网上商城那么简单,而是开始了向更为深层次挖掘电子商务市场挺进。

(二)银行系电商的主要商业运营模式

目前而言,包括中行、建行、工行、交行、招行、光大银行、兴业银行、民生银行等在内的多家银行都涉足电商,电商形式无外乎两类:一类是为自己的客户,或者某一类客户提供一个经营的平台,以商业银行自建的积分商城、信用卡商城为代表;另一类则是纯电商模式,外来货源,与其他商城一样,消费者不局限本行客户。

第一种以工商银行网上商城为代表,自主经营产品,有自己的一套采购、销售系统,可以像一般的电子商务网站一样实现在线交易。对于本银行的商户而言,他们意味着资本及个人信息的安全,更容易生成信赖感,也更容易去尝试分期付款、网上银行等因为稍具风险而之前存在少许迟疑的付款方式,使购物更快捷。

另外一种则以交通银行、招商银行为代表,他们不建立自主的采购及物流体系,而是利用自己的平台通过招商的形式接入购物网站,用他们的产品或者活动集合形成银行商城的页面,顾客可以通过银行商城进入合作网站购物,并在那里产生交易。一般来说,虽然最终与顾客发生交易的是另外一家电子商务主体,但在顾客心中,由他们所信赖的银行作为桥梁引领过去的商家与他们选择的银行具有互相关联的信誉价值,对银行的信任感可以转移到这家网站,在这家网站好或不好的购物体验也同样会迁移到银行。因此,这种类型的银行商城,在选择合作商户的时候,就必然要考虑到商家的知名度、信誉度、产品品质、物流保证、客户服务等诸多环节。这些条件上得了高分,客户的体验得了高分,也是对银行印象的加码。所以说这类银行商城的经营形式其实是更具风险性的。

当然,这两种形式的银行商城不是完全分开的。交通银行、建设银行是很典型的商户型,但是建设银行也有可直接分期购买的笔记本电脑;工商银行属于自主销售型,但是与亿佰、红孩子等也都有着很深入的合作。通过工行的网上商城,进入一家叫作泛佰购物的综合购物网站，看到了工商信用卡分期付款零首付、零利息、零运费及线下刷 POS 机等服务内容，而这些，是其他电子商务网站尚不能够提供的，对于大多数支付方式来说也是一种补充。显而易见，银行是给那些经过重重考验入选的商户提供了特殊待遇的。而银行也可以通过这些有着更广用户范围的电子商务网站的推广来提高信用卡、银行卡的使用率。所谓双赢，就是要这样在互相严格监督、互相照应的情况下才能实现。

五、商业银行发展电商的策略

（一）发挥所长，避免同质化竞争

一是大型银行开发电子商务全流程，打造供应链金融（SCF，Supply Chain Finance）。在此模式下，银行机构可通过中小企业与核心企业的资信捆绑，统筹安排授信资源。一方面，因其涵盖传统业务、贸易融资、电子金融等，业务空间拓展，降低了银行资本消耗；另一方面，可充分挖掘客户供应链中物流、信息流和资金流运行，将 B2B 电子商务平台与 SCF 结合，形成“e-供应链金融”。

二是中小银行着力发展以支付结算为主要方向的电子商务。基于中小银行（如城市商业银行、农村中小商业银行）具有区域性、规模小等特点，可重点发展联营业务。商务部《“十二五”电子商务发展指导意见》鼓励中小企业应用第三方电子商务服务平台开拓国内外市场，鼓励各地结合产业发展特色，建设区域性行业电子商务平台，扩大区域产业影响。

（二）发力跨境电商，抢占先发优势

商务部数据显示，2014 年我国跨境电商交易规模为 4.2 万亿元，增长率为 35.48%，占进出口贸易总额的 15.89%。2015 年 6 月，国务院办公厅印发《关于促进跨境电子商务健康快速发展的指导意见》，提出了优化海关监管措施、完善检验检疫监管政策措施、明确规范进出口税收政策、完善电子商务支付结算管理、提供财政金融支持五方面的支持措施。跨境电商市场巨大，且有国家政策支持，银行若能抢占先机，发力跨境电商，未来将成为银行重要利润来源之一。

银行电商发展跨境电商可采用自建网上商城的方式，如工商银行融 e 购的跨境馆，消费者可以在其中买到海外直采的商品。但与传统电商企业相比，银行自建网上商城在商品品类、物流、售后服务等方面还有很大的差距。银行系电商应利用自身的金融支付优势，取长补短，才能在跨境电商上有所作为。如浦发银行推出“跨境电商金融服务方案 1.0”，该方案整合跨境电商的资金流、信流、货物流，包括“基础支付结算功能＋个性化服务”两个部分，主要通过与第三方支付机构合作，为跨境电商企业提供金融服务，以打通境内外资金往来清算路径。

（三）打造一站式生活电商 O2O 应用

O2O 应成为银行系电商的重要创新模式。未来哪家银行能够充分利用实体资源，将线上资源与线下渠道无缝衔接，打造出互联网企业所不具备的核心优势，哪家银行就能在电商大战中夺得主动权。商业银行可将电商平台做成“虚实结合”，融销售、金融、物流等为一体的平台。例如，可以打造 App 满足用户查账还款、生活缴费、电影选座、美食选购、积分兑换、签证办理、金融分期等生活、消费、金融需求；包含理财业务，为用户提供丰富、稳健的理财产品；支持近场支付技术，让手机变身信用卡。如招商银行信用卡中心服务 App“掌上生活 App”，围绕年轻人的衣、食、住、行、玩等消费场景设计，已成为信用卡连接客户的入口。该 App 还率先在银行业内实现“开放用户”并积极探索轻型获客和转化模式，取得了不俗的成绩，绑定客户数一路攀升。

（四）做好大数据的应用和整合

互联网金融主要依靠的是大数据与云计算。“阿里小贷”利用水文模型这一独特的大数据授信审贷模型完成用户贷款发放工作。水文模型可以理解为庞大的数据库，不仅包括贷款客户自身长期的数据变化，还有参考同类企业的数据情况，以这些数据为依据，通过数学方法及各种参数，判断客户未来的情况。在水文模型的帮助下，阿里小贷迅速发展，2014 年 2 月，阿里小贷累计投放贷款超过 1700 亿元，服务小微企业超过 70 万家，不良率小于 1%。其中，2013 年新增贷款 1000 亿元。水文模型不是阿里小贷唯一的绝技，据悉，阿里小贷的模型将覆盖贷前、贷中、贷后、反欺诈、市场分析、信用体系、创新研究七大板块。系统每天处理的数据量达到 10TB。商业银行在大量积累数据的基础上，还需提高大数据的整合和应用能力，开发网络数据评级模型，拓展互联网金融业务。

【参考文献】

[1] 中国电子商务研究中心. 2014 年度中国电子商务市场数据监测报告[R/OL].（2015-04-14）[2017-01-11]. http://b2b.toocle.com/detail-6242607.html.

[2] 艾瑞学院. 蜕变：传统企业如何向电子商务转型[M]. 北京：清华大学出版社，2012.

[3] 吴锦玉. 浅析银行电子商务发展策略[J]. 时代金融，2011(2).

[4] 张细松. 中国第三方支付的发展模式选择：基于商业银行全面介入的视角[J]. 西安财经学院学报，2009，22(2).

[5] 刘洪波. 论网上银行与第三方支付平台的竞合关系[J]. 商业时代，2009(4).

[6] 吴向春，张枞. 银行业在电子商务时代的对策[J]. 中国外资，2011(1).

第三篇

不可小觑之风险

杭州发展互联网金融的思考与建议
——基于互联网金融风险的视角[①]

浙江金融职业学院金融系　潘锡泉

内容摘要：互联网金融热已成为当前热议的话题，作为互联网金融发源地的杭州必将进入浪潮。互联网与金融的跨界与融合打破了原有金融机构与互联网企业的界限，为杭州互联网金融与实体经济的发展起到了助推作用，但两者在发展过程中呈现出来的风险却成了杭州互联网金融朝着纵深发展的绊脚石。本文立足于杭州为什么需要发展互联网金融及杭州发展互联网金融的现实环境，从互联网金融风险的视角，分别从传统金融机构借助互联网工具融入互联网金融，以及互联网企业跨界金融行业开展金融业务两个层面分析了杭州发展互联网金融所面临的风险，并从传统金融机构和互联网企业层面，以及政府层面提出了杭州发展互联网金融的思考与风险应对机制。

关键词：互联网金融　杭州　发展建议　风险

引　言

互联网金融热已成当下最为热议的话题，作为全国金融业重镇、长三角南翼金融中心，互联网金融发源地之一的杭州必然不可抵挡地进入浪潮。为适应形势，2014 年 11 月 20 日杭州市政府出台了《杭州市人民政府关于推进互联网金融创新发展的指导意见》，力争到 2020 年，规划和建设一批具有全国影响力的互联网金融集聚区（产业园、孵化器、专业楼宇），构建和运作一批具有全国辐射力的互联网金融交易服务平台，培育和发展一批具有全国竞争力的互联网金融企业，开发和推广一批全国市场占有率高的互联网金融创新产品，基本建成全国互联网金融创新中心。

---

① 项目资助：浙江省金融教育基金会 2014 年度重点项目（2014Z12）。课题组成员：潘锡泉（主要执笔人），周锋，许嘉扬。

作者简介：潘锡泉，1985 年出生，男，讲师，主要研究方向为国际金融和互联网金融。

那么,在面对如此汹涌的互联网金融发展浪潮及市政府宏伟目标蓝图下,如何厘清杭州互联网金融发展现实状况及存在的问题(风险视角),如何准确进行自我定位,如何发挥杭州互联网金融发展的比较优势,如何科学制定杭州互联网金融发展的长远规划,分享杭州互联网金融发展带来的成果,实现互联网金融助推杭州金融创新改革和金融生态环境建设以支撑杭州实体经济发展就成了我们关注的焦点。

互联网金融①,顾名思义,有两层含义:一是传统金融机构的跨界融合,借助于互联网工具开展金融业务,将金融业务与互联网工具进行融合;二是互联网企业(更广义的范畴上甚至可以包括实体企业)跨界金融行业开展金融业务。所以,本文也将分别基于传统金融机构跨界融合互联网工具开展金融业务,以及互联网企业跨界金融行业开展金融业务两个层面展开研究。

因此,本文研究报告分成四个部分:第一部分将在杭州为什么要发展互联网金融,发展互联网金融的现实环境(现状分析)等宏观层面进行分析;第二部分将在第一部分研究的基础上,以杭州金融业(传统金融机构)跨界融合互联网工具开展互联网金融业务的风险及对策上予以分析;第三部分将立足互联网企业跨界金融行业开展金融业务的风险及应对机制展开分析;第四部分提出杭州发展互联网金融的一些思考及建议(风险应对机制)。

一、杭州发展互联网金融的宏观层面思考

这一部分,我们首先从杭州为什么要发展互联网金融,以及杭州互联网金融发展的现实环境进行分析,以最终提出杭州发展互联网金融的若干建议。

(一)杭州为什么要发展互联网金融?

1. 杭州经济转型升级的需要

随着我国经济进入新时期,杭州在整个经济发展过程中,承受着出口乏力、投资错位、内需疲软等特征的实体经济由“高速”步入“中高速”等不利境地。据杭州统计信息数据,近 5 年杭州市 GDP 总量虽然保持了较好的增长,但其增速逐年呈现递减趋势(如图 1 所示),从 2010 年的 12%逐渐递减,到 2013 年开始步入 8%左

① 事实上,关于互联网金融与金融互联网的概念一直备受争议,有人认为“互联网企业开展金融业务叫作互联网金融,而传统金融机构利用信息技术和互联网做银行业务是金融互联网”,其实,“互联网金融”与“金融互联网”是动态的、阶段性的概念,严格意义上的互联网金融与金融互联网可以看成是一个链条的两端,但现实世界中的业态可能主要分布在中间状态,有些可能距离理想化的互联网金融更近一些,有些可能更靠近金融互联网这一端。因此,本文所指的互联网金融主要是介于广义的层面,既包括传统金融机构开展互联网金融业务,也包括互联网企业开展金融业务,其界定关键在于是否具备互联网精神及能否以客户需求为导向。

右的中高速增长态势。同时，杭州市统计信息公报显示，杭州市外贸出口总额也从2010年、2011年的同比增长29.5%和22.2%，到2013年、2014年的同比增长仅有5.5%和4.5%。[①]

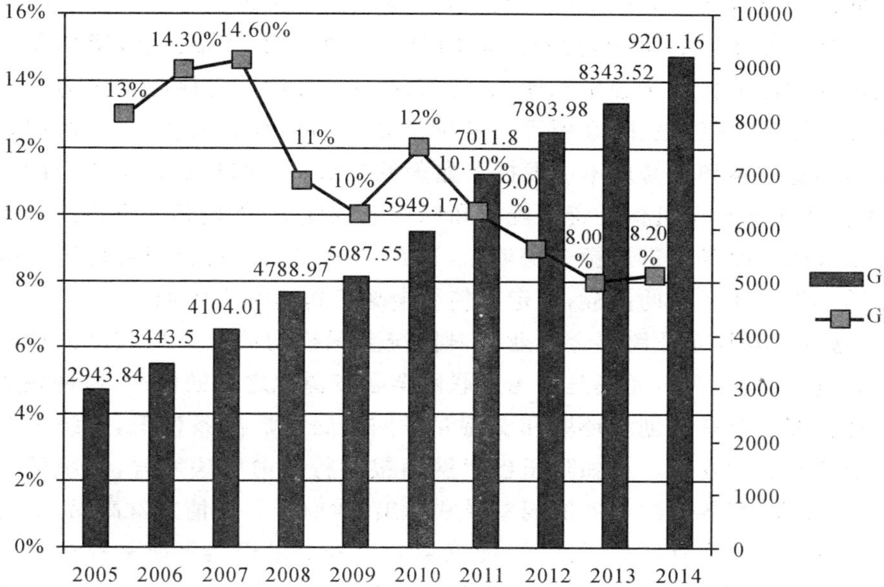

图1 2005—2014年杭州市GDP总量及其增速

因此，随着外部经济环境的变化，杭州市经济发展过程中传统的出口优势难以继续保持稳定，部分固定资产投资，比如房地产、制造业的投资效率和边际效益也在逐年呈下降态势，杭州过去的经济增长模式遇到了前所未有的瓶颈，这就迫切需要我们寻找一种能够破解这种困境的内生增长模式以实现经济结构转型。

显然，经济结构的转型升级需要强有力的资金支撑，这必然离不开金融的支持与深度参与。尽管资金融通的渠道和方式各异，既可以通过商业银行等传统的间接融资得到，也可以通过股票市场和债券市场等直接融资的方式，但这些融资方式具有搜寻成本高昂、交易成本巨大等特征，直接阻碍了金融服务实体经济的效率。互联网金融基于金融脱媒，体现服务效率的个性特征应运而生，它以大数据、云计算为基础给实体经济的发展提供了高效的资金融通渠道，实现了金融服务实体经济新型运营模式，创建了有别于传统银行业和资本市场的融资模式的新型的金融生态，提高了资金的使用效率，能够有力地支撑实体经济的发展，尤其是对杭州中

---

① 数据来自杭州市统计信息公报。

小微型企业的支持[①]具有不可替代的作用，在促进杭州经济转型的进程中扮演了极具特色的生力军作用。

2. 杭州市金融机构创新改革的需要

在互联网与计算机信息技术的推动下，特别是移动支付、云计算、社交网络和搜索引擎等技术与手段的运用，使得互联网与金融实现了跨界融合，架构起了以"消费体验"为中心的新型金融生态体系，涌现出了一大批具有核心竞争力的互联网金融企业，譬如阿里巴巴、陆金所等互联网大佬。与传统金融相比，互联网在降低金融业的信息成本和交易成本中发挥了显著的优势。互联网的低成本金融创新和应用，抵消了主流金融机构在资金规模和网点上的优势，促使传统金融组织不断采用新技术来改善服务渠道进行金融创新，这在一定程度上对杭州市传统金融机构的业务活动带来了巨大的挑战，夺走了传统金融机构的客户资源。

因此，这些互联网企业跨界金融业务对传统金融机构的业务构成巨大威胁必然要求他们进行创新改革，尤其是作为互联网金融发源地之一的杭州，这种现象更显突出。在良好的互联网创新环境和支持互联网金融发展的条件下，传统的互联网企业纷纷跨界金融业务。正如阿里巴巴网商银行行长俞胜法所言，传统的互联网企业（实体企业）跨界金融业务的现象异常突出，他们跨界热情非常高昂，具有一种勇立潮头的干劲。在这样的形式下，传统金融机构如果仍然不能采取措施予以应对，必将在互联网与金融跨界融合的大趋势下被淘汰。所以，作为杭州市金融机构，必须顺应金融业态创新的潮流，大胆进行金融创新，与新型的互联网企业展开竞争。

3. 杭州市信息消费快速增长的需要

信息消费，是指消费对象为最终消费需求而购买的信息产品、服务的全部支出。以消费者的需求为出发点，设计出满足客户对金融服务需求的产品，并提供更加便捷的通道，从而为消费者的新兴消费服务。有研究指出，信息消费每增长 100 亿元，将带动 GDP 增长 300 亿元（苗圩，2014）。因此，早在 2014 年，杭州市政府就已经意识到信息消费对杭州市经济发展的重要性，出台了杭州市《关于加快促进信息消费扩大内需的实施意见》，加快建设信息基础网络和"智慧杭州"，着力推进信息消费成为杭州经济新的增长点。

事实上，从杭州现有的现实环境来看，杭州网络基础设施建设业已名列全国前茅，近年来电子商务平台年成交额居全国首位，本地网络购物的交易额也居全国首位。同时，杭州还是国家软件产业基地、电子信息产业基地、中国电子商务之都，不

---

① 浙江是民营经济大省，包括杭州在内的各地，中小微企业已成为推动地方经济发展、经济转型的主要新生力量，因此，互联网金融可以解决中小微企业的融资难、融资贵问题。

仅拥有全球最大的C2C平台"淘宝"、全国最大的B2C网站"天猫",还有全国最大的民营网络支付平台"支付宝"。而且,全国三分之一的综合性电子商务网站和专业网站都落户杭州。这无疑为杭州信息消费的快速增长奠定了良好的基础,使得杭州在发展信息产业方面具有毋庸置疑的优势。然而我们不得不承认的事实是,信息消费的可持续发展是基于互联网新型金融业态的基础而兴起的,同时在信息消费自身蓬勃发展的同时也在相当程度上助推着互联网金融朝着更深层次的方向演进。

(二)杭州互联网金融发展的现实环境分析

杭州经济转型升级之需、金融机构创新改革之需,以及信息消费快速发展之需奠定了杭州必须加快互联网金融的发展,那么,自2013年互联网金融元年以来,杭州发展互联网金融具备了哪些条件?杭州是否在互联网金融发展方面具备可行性?杭州互联网金融发展的实践又是如何?显然需要对杭州发展互联网金融的现实环境进行分析。

1.杭州具有得天独厚的互联网金融发展沃土

2013年被誉为我国互联网金融发展的元年,其蓬勃发展的根源在于"余额宝"的成功推出,由此掀起了全国互联网金融发展的浪潮,作为"余额宝"发起者的阿里巴巴(全国最大的互联网金融企业)坐落于杭州,因此,杭州也被誉为我国互联网金融发展的起源地。不仅如此,这里还有全国首批具有互联网思维的民营银行——浙江网商银行,一批上市企业如恒生电子、网盛生意宝、同花顺等也正大举进军互联网金融领域,艾瑞咨询发布的《2014年中国生活理财移动App行业研究报告》显示,国内生活理财类App的综合排名中,排名前6的App,有4款出自杭州公司之手。而在苹果App分类中,"挖财""51信用卡""铜板街""盈盈理财"等"杭州制造"也是长期占据榜单。与此同时,一些互联网企业,如网盛生意宝等先后与传统金融机构(工商银行、浙商银行、杭州银行等多家银行)展开了跨领域、多层次、全方位合作,深耕互联网金融领域,试水供应链金融服务。

除此之外,还有一大批中小科技企业,如捷蓝信息、财米科技等也在积极从事互联网金融产业,并且获得了越来越多的风投青睐,被风投界"大鳄"相继看好。显然,杭州在互联网金融发展方面具备了得天独厚的优势,为互联网金融的发展提供了肥沃的土壤。

2.杭州具有得天独厚的互联网金融发展理论基石

早在2014年,杭州市政府在全国率先出台了《杭州市人民政府关于推进互联网金融创新发展的指导意见》(以下简称《指导意见》),《指导意见》要求杭州在发展互联网金融时重点培育发展互联网金融机构和五类互联网金融企业。该意见的出台为杭州发展互联网金融指明了方向,扫清了障碍,为杭州互联网金融的规范化发展向纵深跨越奠定了理论基石。

在注册登记方面，除需国家金融监管部门批准设立的互联网金融机构外，《指导意见》要求有关部门在注册登记等环节对经区、县(市)政府认定的互联网金融企业提供便利，允许这些互联网企业在工商登记企业名称中使用“互联网金融”或“网络金融”字样，在经营范围中使用“互联网金融服务”字样(由国家金融监管部门核准的金融核心业务除外)。

同时，该《指导意见》除了鼓励传统的银行、券商、保险、基金、期货等金融机构与互联网企业合作，更鼓励杭州应进一步拓展金融产业链，创新金融产品和服务模式，大力发展现代网络金融、移动金融，培育衍生金融新业态和新型要素交易平台，加快构建互联网金融创新集聚区。重点在西溪谷、钱江新城、未来科技城等地建设互联网金融集聚区。对在杭新设立或新迁入的互联网金融机构，按照杭州市金融机构招商政策给予补助；并支持社会资本在杭发起设立互联网金融产业领域的各类投资基金、并购基金、天使基金。

与此同时，2015 年 1 月浙江省政府又颁布了《浙江省促进互联网金融持续健康发展暂行办法》，央行等十部委于 2015 年 7 月 18 日联合发布了《关于促进互联网金融健康发展的指导意见》，先后又成立了涵盖银行、证券、保险、第三方支付、P2P、众筹等金融机构的杭州市互联网金融协会(2015 年 9 月 13 日)与浙江互联网金融联盟(2015 年 9 月 29 日)。因此，我们有理由认为，政府关于互联网金融发展的各种《办法》和《指导意见》的出台，以及相关行业协会的成立能够极大地拓展杭州互联网金融发展的渠道，规范杭州互联网金融向着规范化、细分化、专业化的方向发展，为杭州互联网金融可持续健康发展指明了方向，奠定了理论基石。

3. 杭州具有得天独厚的互联网金融发展现实基础

杭州已成为我国互联网金融发展高地，杭州互联网金融发展迅速，创业氛围浓厚，总体水平可谓是稳居全国“第一梯队”，无论是在网站数量、B2B/C2C，还是第三方支付等方面均位居全国第一，以阿里巴巴为龙头的互联网企业引领了全国互联网金融的发展。目前为止，已有各类互联网金融企业 200 多家，2015 年上半年互联网金融累计交易额高达 394.86 亿元。不算传统银行，现在已经形成了“一超多强，遍地开花”的大好局面。“一超”就是蚂蚁金服，它带动了国内互联网金融创新；“多强”包括挖财、微贷网、鑫合汇、盈盈理财等，代表了互联网金融细分领域的先进水平。杭州互联网金融的迅速发展，使得各类互联网企业纷纷获得风投资金的支持。其中，“铜板街”在 2013 年获得华创资本、IDG 千万美元投资数月之后，又获得了包括君联资本在内的领先风险投资机构 5000 万美元投资；“挖财”在 2013 年 9 月和 10 月，分别获得了 IDG 资本 1000 万美元的 A 轮融资和鼎晖投资 300 万美元的投资，2014 年 2 月，启明创投又向其投资了 1500 万美元。

除了互联网企业纷纷涉足金融行业开展互联网金融，传统银行业也不甘示弱，同样在积极布局互联网金融。包括工行“融 e 购”，农行“E 农管家”和“四融”服务平台，建行的“e 贷款”系列和“善融商务”等互联网大数据领域的创新产品，以及中行的“中银易商”出国金融 App 和招行“员企同心”“付款通”等以客户为中心的新型产品。中信银行“智能清结算”和浦发银行“spdb＋”则是主动为互联网投融资平台提供综合服务。广发“有米银行”、平安“橙子银行”以及“法人化”独立运营的民生银行直销银行等，在利率市场化不断推进的压力下，纷纷借助互联网工具，开展互联网金融创新业务。

显然，无论是互联网企业跨界金融业务，还是传统金融机构借助互联网工具开展金融业务的创新，都为杭州发展互联网金融提供了得天独厚的现实基础。

二、传统金融机构开展互联网金融业务的风险及对策——以杭州金融业为例

互联网金融的迅速崛起给国内传统金融业带来巨大的冲击，杭州作为全国互联网金融发展的重镇，似乎更能体验这种变革的力量。面对这种形式，杭州传统金融机构顺势而为，投入其中。然而，在金融机构大力发展互联网金融的同时，传统的风险管理模式显然已不合时宜，在各方面凸显其不足。基于这种现状，本文在这一部分对杭州传统金融机构发展互联网金融所面临的风险进行分析，并提出相应对策，从而实现对互联网金融的风险防范。

（一）传统金融机构融入互联网金融的背景

一直以来，以银行为主导的传统金融机构在资金融通、支付清算、资产配置、交易撮合等方面扮演着至关重要的金融中介作用，当前的金融体系也正是基于这种角色定位建立起来的。然而，随着互联网金融的蓬勃发展，基于互联网思维的新兴金融模式在很多领域已开始对传统金融机构的业务开展产生了巨大冲击，并开始显现颠覆性的影响力。

基于上述情况，杭州金融机构积极应对，纷纷介入互联网金融领域。他们积极地从风险偏好、组织架构、运营模式、市场定位、产品研发等方面进行调整来适应互联网金融时代的到来。然而，在快速发展的同时，互联网金融也给他们在风险管理方面带来了新的挑战。互联网金融本质是传统金融的衍生，但又因其植根于互联网平台，这使得互联网金融的风险不仅具有传统金融的风险特点又有其特殊性。如果简单“嫁接”与“移植”当前的风险管理模式，就可能触发难以缓释的风险暴露。由此，传统金融机构在同互联网金融的融合过程中，需要不断改进与重构风险管理模式，以此适应新发展，推动新变革。

（二）互联网金融促进了杭州金融业的发展

杭州是长三角南翼的区域金融中心，金融综合竞争力在长三角区域内仅次于

上海。目前杭州拥有的金融业种类齐全，涵盖银行、证券、保险、信托、基金等，并且数量众多，总分支机构已超过 300 家，密集程度居全国副省级城市前列。同时，杭州作为中国互联网产业最为发达的区域之一，不仅拥有诸如阿里巴巴这样的互联网巨头，而且还拥有浙大网新、同花顺等 17 家互联网上市企业以及全国 1/3 的互联网公司，丰富的金融资源，发达的互联网产业，这都为杭州发展互联网金融奠定了良好的基础。

互联网企业如此，传统金融机构亦如此。自 2013 年互联网金融元年以来，杭州的传统金融机构，如银行、信托、证券等纷纷采取模式创新、机构调整，以及资源整合等各种有效举措，譬如，通过加强与阿里巴巴、华道数据等互联网企业的合作，不断进行自身的变革与调整，以此推动金融机构自身在互联网金融业务方面的发展与渗透。具体表现在：

其一，模式的不断创新。各金融机构通过研发新产品、拓展新业务来适应当前发展。如与互联网公司合作搭建“综合金融移动平台”来开展金融服务，这大大提升了客户体验，运作效率提高了 90%，降低了运营成本，拓展了客户群。

其二，机构的及时调整。通过设立互联网金融业务团队与岗位，负责相关产品的管理，提升该业务的战略地位，以适应发展需求。一些银行甚至对原先设立的电子银行部进行结构调整，在此基础上成立新的部门——网络金融部。

其三，资源的有效整合。传统金融机构拥有大量的客户、资金、信息等资源，而互联网企业则在技术、数据和创新思维方面具有明显的优势。于是，传统金融机构在立足自身优势的同时，纷纷开展与互联网企业的合作，期望通过对双方优势资源的整合，实现互联网金融的价值最大化。

种种迹象表明，杭州所拥有的得天独厚的金融资源优势，以及传统金融机构顺应互联网金融发展的新常态，及时进行战略调整，积极参与互联网金融业务的创新改革，将互联网金融这种新兴金融模式与自身传统金融业务优势进行有机的结合，有力地促进了杭州金融业的快速发展。

（三）杭州互联网金融发展面临的风险

互联网金融兼具互联网与金融业的特点，使得互联网金融体现出传统金融风险特征的同时，又会带有自身的特点[①]，主要包括：

1. 法律风险

目前，我国金融领域的相关法律（譬如：《中华人民共和国商业银行法》《中华人民共和国证券法》《中华人民共和国证券投资基金法》等）主要是针对传统金融业，

① 传统金融风险（包括信用风险、市场风险等）此处不再赘述，而对于互联网金融所表现出的特殊风险，或者是相同风险所呈现出的不同特征，本文将对此进行阐述。

而对互联网金融这种新兴金融业态显然无法覆盖，最新出台的《非金融机构支付服务管理办法》等相关规章也仅仅只是对互联网金融中第三方支付清算做出了相应规定，就法律层面而言，似乎至今为止还没有形成一部完整的互联网金融法。尽管杭州市政府已于2014年11月出台了《杭州市人民政府关于推进互联网金融创新发展的指导意见》[①]，但相应的监管细则仍然未能详尽，导致监管部门在如何确定、保护、约束交易双方的权利、责任和利益，以及在出现违法犯罪行为时如何合法取证等方面无法得到有效的依据和支撑。事实也得以证实，正是由于相关细则的出台难以有效涵盖互联网金融创新的层出不穷，杭州P2P平台这种较为典型的互联网金融模式频频出现倒闭。其原因就是一些P2P网贷企业以“创新业务、改善客户体验”等为名，碰触监管底线，面临很大的法律风险（潘锡泉，2015）。[②] 因而，在缺乏完善的互联网金融法律及相应监管细则背景下发展互联网金融，必将造成市场无序发展，增加交易成本，产生无法估量的风险隐患。

2. 声誉风险

互联网相较于其他媒介具有高传播率、简便快捷、成本低廉、创新开放等不可比拟的优势，其市场的参与主体在体验到互联网金融发展所带来的高效、简便、创新的同时，也必然要考虑到互联网金融的本质是基于网络平台、互联网金融思维的金融活动，其交易活动中时间与空间需通过互联网来响应和维系，这种虚拟化的特性使得交易双方往往不需要通过面对面的直接交流，就可以在线上进行交易，而线上交易不容易识别潜在的风险，往往容易诱发操作风险，最终给企业带来声誉上的损失，严重的直接导致互联网企业破产倒闭。以较为典型的互联网金融模式P2P网贷为例（包括互联网企业开展的P2P平台，以及银行系P2P平台，如以小企业E家为代表，招商银行自建的P2P平台），P2P网络借贷模式理论上是借贷双方直接签订债权债务合同，P2P平台只提供第三方服务且不承诺本金保障，其本质是不参与到借贷的实质经济利益中去（潘锡泉，2015）。而现实中却是，P2P平台属于新型金融业务，央行和银监会尚未出台相关法律法规对其进行监管和指导，也未设置行业准入门槛，导致了P2P行业内鱼龙混杂，很多P2P网贷企业突破道德底线，钻政策空子，引发道德风险，最终影响企业声誉，甚至破产倒闭。2014年杭州众多P2P平台的倒闭就是最好的佐证。

此外，杭州所处的独特地缘优势使得杭州成为互联网产业的聚集区，其互联网

---

① 参看《杭州市人民政府关于推进互联网金融创新发展的指导意见》。

② 最为常见的如P2P网贷平台其本质应该是作为交易居间人，不应涉及担保业务，但是一些P2P网贷平台为了吸引更多的借款人，做起了担保、债权转让和资金池，由“信息中介”转变为“信用中介”，却缺乏相应的拨备、资本等约束，其风险不言而喻。

普及率高，用户对于互联网金融的接受度与参与度在全国处于前列等优势给杭州金融机构开展互联网金融业务带来丰富客户群的同时，也带来了外部效应，一旦金融机构在开展互联网业务时推出的产品引发社会负面评价时，也将快速传播，这将直接导致产品发行机构的声誉受损。

3.操作风险

传统的操作风险通常是指内部流程、系统、人员问题或外部事件导致的损失。而在互联网金融冲击的背景下，传统金融机构开展互联网金融业务时所面临的操作风险不仅没有减少，反而具有增加之趋势。究其原因，一方面源于新常态下的杭州正处于经济结构调整转型时期，所呈现出来的复杂社会文化环境、尚未健全的监管体系、粗放的管理模式等都是诱发金融机构开展互联网金融业务时产生操作风险的重要因素；另一方面，杭州的主要金融机构在整体业务流程、组织架构等方面还是基于传统模式，各部门按条线垂直管理，缺乏相互间沟通与协调，而且绝大部分金融机构还没有独立设置负责互联网金融的专门部门。因此，在实际运行中，仅仅依靠一个团队抑或是个别人员的管理维护，在跨部门运作、条线资源整合、流程优化、部门间协调、产品运营等方面无法起到决定作用。同时，一些机构组织管理不够完善，职责边界划分不清，在互联网金融产品运行过程中，互联网的特殊性容易给予内、外部人员实施欺诈的空间（道德风险的发生），这都增加了操作风险发生的概率。

4.技术风险

互联网金融的发展需要IT技术作为基础。在这个系统内，各部分要素都相互联系、相互影响，形成统一、有序的整体，其安全性、稳定性对于业务推动和风险控制显得尤为重要。尽管前面已经阐明，杭州互联网产业发达，但良好的技术氛围与产业优势，并不代表杭州所有金融机构在开展互联网金融业务时，都能保证系统稳定与安全。目前，杭州的金融机构在对互联网金融产品的技术支持上，一般通过自行研发结合技术外包来实现。而应用的技术是否符合实际，制定的技术标准是否合理，投入的资金是否充足，外包服务供应商是否具备技术实力等都是导致技术风险产生的重要因素。正是由于传统金融机构，尤其是一些城市商业银行，达不到相应的技术标准与管理要求，由此出现的设备故障、黑客攻击、系统缺陷、病毒传播等都会对其开展互联网金融业务产生重大技术风险，这必将严重影响金融机构开展互联网金融业务的安全和交易效率。

（四）杭州金融业应对互联网金融风险的建议

杭州金融机构数量众多，总分支机构目前已超过300家，但总部在杭州的金融机构32家[①]，仅占到总体的10%左右，大部分为省内、外金融机构在杭的分支部门。

综观这些金融机构，笔者发现，尽管规模偏小，但创新却很活跃。因此，基于杭州金融机构的特点及对其在开展互联网金融时所面临的风险分析，现提出如下风险控制建议：

1. 强化政府监管力度，营造良好的互联网金融生态环境

互联网金融模式的创新带来的风险给当前监管部门开展监管工作提出了新的要求。由于当前全国范围内尚没有一部具体而完善的可执行的互联网金融法规，因此，作为地方政府，可以率先制定适合地方互联网金融发展特色的若干指导意见，并提出具体可行的互联网金融发展指导措施及监管细则，规范地方金融机构合规、合法地开展互联网金融业务。具体而言，一方面建议杭州市政府牵头组织并协调人民银行、银监局、证监局、保监局、金融办、司法机关等相关机构，在现有法律框架范围内，参照《杭州市人民政府关于推进互联网金融创新发展的指导意见》的方式出台《杭州市互联网金融管理指导意见》，尽可能地将监管指导意见进行细化，使之具有可执行性；另一方面，监管部门需要加强监管力度，对于那些营利能力较差、产品研发能力不强、风险管理能力较弱的在杭总分支金融机构给予更为严格的监管，以规避这些金融机构在开展互联网金融业务时出现道德风险（违规操作，如开展P2P资金池模式），有损互联网金融生态环境。

与此同时，强化行业协会的作用，鼓励开展互联网金融业务的金融机构实施行业自律。行业自律是消除法律风险的最佳手段，建议金融机构建立信息共享与交流机制，行业标准与监督规范等，夯实行业规范管理和发展基础；制定行业统一的信用管理规范，建立行业信用信息征集和应用系统，着实推进开展互联网金融业务的金融机构自身行业自律机制建设。鼓励各金融机构主动配合监管机构实施现场与非现场检查，自觉打击任何通过互联网进行的金融诈骗、非法集资、洗钱等犯罪活动。不断完善消费者投诉渠道，及时反馈并开展行动，切实保护消费者的权益，为杭州金融机构发展互联网金融营造一个健康、稳定的互联网金融生态环境。

2. 树立风险意识，加深业务熟识度

杭州金融业创新较为活跃，互联网金融的出现正好契合了本地区经济的特点，这要求传统的风险管理必须不断改进以适应当前形势。而开展这项工作的重要前提是金融机构需要树立风险意识。风险管理是现代金融业的核心，只有在思想上高度重视，深刻理解业务发展与风险管理的关系，才能指导自身行动，加强风险控制，保证资产安全。而树立了风险意识后，必须熟悉业务，这样才能真正充分细致

---

① 本数据通过对银监会、保监会、证监会等监管机构公布的数据统计得到。

地辨识风险进而缓释风险。但当前杭州金融业的业务特点决定了从业人员大部分都从事传统金融业务，对于互联网金融还处于初步接触和学习阶段。因而，这些从业人员，需要根据岗位职责的不同，深入学习与适应。如前台人员必须了解标的资产状况、产品优缺点、客户特点与偏好等信息，控制法律风险、信用风险和声誉风险；中后台人员必须了解产品交易结构和运作模式，及时掌握系统运行状况，控制操作风险、市场风险、技术风险；而对于相关产品负责人来说，其需要了解产品各个细节的风险，才能协调前、中、后台各部门统一合作，把控整体风险。

3.变革管理模式，实施流程优化重组

互联网金融本质是一种普惠金融，较之当前金融产品已算大大降低了进入门槛。这需要金融机构改变原来管理模式中战略导向、营销体系、组织架构、财务管理、风险控制等管理要素，使得组织不断创新，兼融开放，加强内、外部信息的交流互通。而这需要各金融机构总部自上而下地对组织的变革与重组起到推动与支持作用。总部在杭州的32家金融机构中，有实力且有意愿开展互联网金融的金融机构，建议在总部牵头下调整当前的组织架构，优化流程，建立负责互联网金融的专门部门，全面牵头互联网金融产品的管理。管理模式的调整及业务流程的优化与重组，可以实现金融机构与互联网金融业务归口的统一，提升决策与运作效率，降低内部交易成本，理顺权责关系，实现对各类风险的事前、事中和事后的识别、判断与控制。

4.完善系统建设，构建安全体系

信息技术建设对于金融机构开展互联网金融业务而言显得极其重要。根据杭州金融机构开展互联网金融业务的特点，我们需要不断完善系统建设，在具体开展系统建设时，首先要考虑系统建设的实用性，必须能够满足当前互联网金融业务开展的需要。其次，需要考虑系统的适应性。互联网金融加快了金融机构业务发展与创新的速度，这就需要金融机构在进行系统建设时必须能够考虑到未来一定时期内可能出现的新诉求，以满足业务发展的新要求。再次，需要进行专业化分工。对于金融机构自身无法独立研发的项目，可以与资质优良、专业能力强的供应商合作，开展技术外包。最后，保障互联网金融业务开展的安全性。系统安全是根本，金融机构在开展互联网金融业务时必须确保相应的软、硬件设备的足额投入，包括信息管理，数据加密，数据备份与恢复，防火墙建设，防病毒能力，并且监测和防范利用系统漏洞而出现的黑客攻击等，最终建立全面、可靠的安全体系，防范技术风险和操作风险。

三、互联网企业跨界金融业的风险及对策——以杭州为例

在整个互联网金融生态环境中，作为互联网金融主要层面之一的互联网企业

跨界金融业务,其风险就显得尤为突出,不仅要面临传统金融机构的风险,同时还需要兼顾互联网企业跨界所带来的技术风险、市场风险等。正如浙江网商银行行长俞胜法指出,互联网企业跨界金融行业开展金融业务的人不熟悉金融行业的各种风险,因此在做金融业务的时候,其胆子更大,风险意识更为单薄,这显然会带来更大的潜在风险。因此,在这一部分,我们对杭州互联网企业跨界金融业务的风险及业务进行分析。

(一)互联网企业跨界金融行业助推了杭州互联网金融的发展

自 2013 年互联网金融元年以来,杭州互联网金融呈现了井喷式的发展,无论是以阿里巴巴为代表的第三方支付平台,还是蚂蚁金服、微贷网、盈盈理财等其他互联网企业,已经形成了"一超多强,遍地开花"的大好局面,各类互联网企业 200 多家,不仅拥有诸如阿里巴巴这样的互联网巨头,而且还拥有浙大网新、同花顺等 17 家互联网上市企业以及全国 1/3 的互联网公司,丰富的金融资源、发达的互联网产业,使得杭州互联网金融发展规模稳居全国副省级城市前列,成为名副其实的互联网金融发展排头兵,助推了杭州互联网金融的发展,对杭州 GDP 创造了巨大的贡献。杭州统计信息网显示,2014 年杭州互联网金融产业增加值 172.18 亿元,增长 13.6%;2015 年上半年互联网金融累计交易量高达 394.86 亿元。

杭州互联网企业跨界金融业开展金融业务已成为现阶段杭州互联网金融发展的典型特征,其在业务模式创新、资源的整合等方面发挥了巨大的作用。具体表现在:

其一,业务模式的创新。互联网企业凭借其大数据、云计算等特点,跨界传统金融业务,以互联互通的思维,场景化体验的模式,让消费者感受互联网业务模式给其带来的各种体验,譬如微信、财付通、蚂蚁金服、P2P 网贷平台、众筹等互联网金融模式,大大提升了消费者的体验,提高了效率,降低了交易成本。

其二,资源的整合。互联网企业凭借其在技术、数据和创新思维方面具有明显的优势,实现了跨界金融业,如蚂蚁金服、支付宝与天弘基金合作推出了理财神器"余额宝",打破了传统的理财高门槛,将闲散于消费者手上的资金进行了有效的整合,又如各种各样的 P2P 平台,为杭州中小企业融资提供了渠道,实现了资源的整合,提高了资金的使用效率。

种种迹象表明,互联网企业跨界金融行业,无论是在业务模式的创新上,还是在资源整合方面,都能够利用其自身优势推进金融业务模式的创新和资源的整合,这对杭州互联网金融的发展起到了助推作用。

(二)互联网企业跨界金融行业开展金融业务风险分析

无论是传统金融机构借助于互联网工具开展金融业务,还是互联网企业跨界金融行业开展金融业务,其最终形态都是互联网技术与金融全面结合所形成的产物，互联网金融的虚拟化特点以及监管法律法规缺位等问题，也导致其风险管理比传统金融更加复杂。所以，互联网金融不但面临传统金融活动中存在的信用风险，流动性风险和市场风险，还面临由互联网信息技术引发的技术风险，互联网企业主体风险意识淡薄引发的市场风险，信息不对称引发的信用(业务)风险，以及法律法规滞后引起的法律风险等自身特点的风险。

1. 信息技术引发的技术风险

计算机网络技术是否安全与互联网金融能否有序运行密切相关，计算机网络技术也成为互联网金融最重要的技术风险。尽管互联网企业在计算机网络技术上具有一定的优势，但是互联网企业出于降低运营成本的考虑，往往需要依赖外部的技术支持来解决内部的技术问题或管理难题。在互联网技术飞速更新换代的今天，寻求外部技术支持或者技术外包是发展互联网金融业务的必然选择。然而，依赖于外部的技术支持可能无法完全满足互联网金融发展所追求的安全性要求，甚至可能出于其自身原因而中止提供服务，导致从事互联网金融业务的机构无法为客户提供高质量的虚拟金融服务，进而造成互联网金融的系统性技术风险。

2. 风险意识淡薄引发的市场风险

互联网金融快速发展引起的利益驱动使得互联网企业纷纷跨界金融行业开展金融业务，在这一过程中，较为突出的风险是传统互联网企业经营者对开展金融业务的风险把握难免存在偏差。高风险是金融行业的先天性特征，传统互联网企业主体根据实体企业的传统风险管理模式应对金融业务风险必然会失效，犹如浙江网商银行行长俞胜法所言，传统互联网企业跨界金融业务，他们的胆子更大，对金融风险的意识较为淡薄，这必然会加大互联网金融风险。事实也得以佐证，大批P2P网贷平台的倒闭就是由于互联网企业经营者对金融业务风险的把握不到位，以致引发系统性的市场风险。

3. 信息不对称引发的信用风险

互联网金融业务和服务提供者都具有显著的虚拟性，相应的业务活动大都是在电子信息构成的虚拟世界中进行。在实际业务中，客户可能利用他们的隐蔽信息做出不利于互联网金融服务提供者的决策，而从事互联网金融业务的机构却无法在网上鉴别客户的风险水平，导致其在选择客户时处于不利地位。同时，鉴于互联网金融服务是一种虚拟的金融服务，加之我国的互联网金融还处于起步阶段，客户不了解各机构提供的服务质量，这就有可能导致价格低、服务质量相对较差的互联网金融服务提供者被客户接受，而高质量的互联网金融服务提供者却因价格偏高被排挤出互联网金融市场，从而形成所谓的“柠檬市场”，引发信用风险。

4. 法律法规滞后引发的法律风险

互联网企业跨界金融行业开展金融业务的法律风险主要来自两个方面：一是

互联网金融业务违反相关法律法规，或者交易主体在互联网交易中没有遵守有关权利义务的规定，这类风险与传统金融机构开展金融业务并无本质差别；二是互联网金融立法相对落后和模糊，我国现有的《银行法》《证券法》《保险法》等法律法规都是基于传统金融业务制定的，不适应互联网金融的发展。

近年来，尽管在国家层面相继出台了《电子签名法》《网上银行业务管理暂行办法》《网上证券委托管理暂行办法》《证券账户非现场开户实施暂行办法》等法律法规，2015 年 1 月浙江省政府又颁布了《浙江省促进互联网金融持续健康发展暂行办法》，央行等十部委于 2015 年 7 月 18 日联合发布了《关于促进互联网金融健康发展的指导意见》，但这些法律法规要么只是基于传统金融业务的网上服务制定的，要么只是基于互联网企业跨界金融行业的门槛做出了一些规定，并没有从根本上解决互联网金融规范发展的细节问题。譬如，关于互联网金融市场的资金监管，交易者的身份认证、个人信息保护，电子合同有效性的确认等方面都没有明确的法律规定，因此，这显然不能满足互联网金融发展的需求。

因此，在利用互联网提供或接受金融服务时，配套法规的缺乏容易导致交易主体间的权利、义务不明确，增加相关交易行为及其结果的不确定性，导致交易费用上升，不利于互联网金融的健康发展。

（三）互联网企业跨界金融行业开展金融业务风险应对举措

基于互联网企业跨界金融行业开展金融业务所呈现出的技术风险、市场风险和法律风险等问题，我们必须要加大对互联网金融的监管力度，加强风险防范与管理。

1. 构建安全的互联网金融运行环境

安全的互联网金融运行环境是互联网企业跨界金融行业开展金融业务的首要条件，这既需要互联网企业具备正常运行的硬件环境，同时也需要加大互联网金融风险预防与监测的人才培养等软件环境。这不仅需要互联网企业自身着力构建，更需要在政府层面做好顶层设计，将互联网金融纳入现代金融体系的发展规划，制定统一的技术标准规范，增强互联网金融系统内的协调性，提高互联网金融风险的监测水平；其次是需要利用数字证书为互联网金融业务的交易主体提供安全的基础保障，防范交易过程中的不法行为。同时要加大对信息技术风险预防的投入力度，大力开发互联网加密技术、密钥管理技术及数字签名技术，提高计算机系统的关键技术水平和关键设备的安全防御能力，降低互联网金融发展面临的技术选择风险。

2. 提升互联网企业经营者跨界金融业务的风险防范意识

互联网企业跨界金融行业不仅要面临传统的技术风险，而且要面临来自金融行业本身的更大风险。风险管理是现代金融业的核心，只有在思想上高度重视，深刻理解业务发展与风险管理的关系，才能指导自身行动，加强风险控制，保证资产安全。而树立了风险意识后，必须熟悉业务，这样才能真正充分细致地辨识风险进而缓释风险。互联网企业跨界金融行业开展金融业务，此时金融风险的特点如传导性、广泛性、突发性依然存在，也就意味着互联网金融在鼓励创新的同时也需要提高风险防范意识。因此，互联网企业经营者在跨界金融业务时必须要根据金融行业的风险及特点，从内部组织机构和规章制度建设方面着手，制定完善的计算机安全管理办法和互联网金融风险防范制度，完善业务操作规程；充实内部科技力量，建立专门从事防范互联网金融风险的技术队伍，强化互联网企业经营者的风险防范机制。

3. 制定和完善符合杭州互联网金融发展的监管细则

杭州市委、市政府应该在国家互联网金融监管的大框架，以及浙江省政府颁布的《浙江省促进互联网金融持续健康发展暂行办法》，央行等十部委发布的《关于促进互联网金融健康发展的指导意见》指引下，根据杭州互联网金融发展的特点，及时制定和完善杭州互联网金融监管细则，在电子交易的合法性，电子商务的安全性，以及禁止利用计算机犯罪等方面加紧出台相关预防措施，明确数字签名、电子凭证的有效性，明晰互联网金融业务各交易主体的权利和义务。制定互联网金融公平交易规则，在识别数字签名、保存电子交易凭证、保护消费者个人信息、明确互联网企业交易主体的责任等方面做出详细规定，以保证互联网金融业务的有序开展。

四、杭州发展互联网金融思考与建议

在对杭州为什么要发展互联网金融，以及杭州互联网金融发展的现实环境进行分析的基础上，本文分别从互联网金融的两个层面——传统金融机构借助互联网工具开展金融业务创新与互联网企业跨界金融业开展金融业务的风险及应对举措进行了研究，最终得到本文的研究结论，并提出相应的思考及建议（杭州发展互联网金融的思考及建议）。

（一）研究结论

①杭州经济转型升级之需、金融机构创新改革之需，以及信息消费快速发展之需奠定了杭州必须加快互联网金融的发展，而杭州得天独厚的金融业生态环境、理论基石和现实基础为杭州互联网金融的发展提供了成长的沃土，必将有助于杭州互联网金融的发展，助推杭州实体经济的转型升级，成为杭州下一阶段新的经济增长点。

②杭州发展互联网金融不仅需要传统金融机构与互联网企业融合，同时也需要互联网企业对金融业的跨界，根据各自特点进行准确定位，找到自我比较优势，

实现错位发展，达到融合中有跨界，跨界中有融合，共同助推杭州互联网金融的健康可持续发展。

③杭州互联网金融发展进程中，无论是传统金融机构借助互联网工具开展金融业务创新，还是互联网企业跨界金融业开展金融业务，均存在着难以规避的风险及监管问题，这也在一定程度上妨碍了杭州互联网金融的健康发展。因此，传统金融机构和互联网企业需要根据各自在互联网金融发展过程中面对的不同风险建立相应的风险应对机制（详见第二部分和第三部分的分析），而杭州市委、市政府则需要从总体层面上做好顶层设计，做好互联网金融发展的方向引导及监管体系设计，创造良好的互联网金融发展生态环境。

（二）杭州发展互联网金融的思考——杭州发展互联网金融的方向亟待引导

通过本项目的研究，笔者认为，杭州发展互联网金融的方向亟待引导，金融监管部门迫切需要采取合理的政策举措，引导银行等传统金融机构加快自身转型升级的速度和力度，主动对接互联网金融发展带来的挑战与机遇，融入互联网金融发展的浪潮中，开展金融业务的创新与转型升级，在竞争中实现新的发展。而互联网企业需要结合自身优势，在做好风险防范与战略调整的基础上逐步跨界金融行业，拓展金融产业链，创新金融产品和服务模式。政府部门应该对杭州互联网金融发展做出顶层设计，重点发展现代网络金融、移动金融，培育衍生金融新业态和新型要素交易平台，加快构建互联网金融创新集聚区，继续推进杭州西溪谷、钱江新城、未来科技城、基金小镇等互联网金融创新集聚区的建设步伐，重点培育发展互联网金融机构和五类互联网金融企业，实现传统金融机构与互联网的融合，以及互联网企业跨界金融业同步进行，错位发展，达到优势互补的良好局面，争取让杭州成为全国互联网金融发展的示范区，互联网金融改革创新实验区。

（三）杭州发展互联网金融的风险应对机制——互联网金融监管体系亟待建立

无论是传统金融机构融入互联网金融领域，还是互联网企业跨界金融业务，两者在风险类型上既存在着共性，也存在着一些差异性，但如何构建好风险防范监管体系是两者共同面临的问题。因此，传统金融机构、互联网企业及政府各方均需要相互配合，共同努力，着力构建互联网金融防范监管体系，以适应杭州互联网金融发展的需要。

1. 传统金融机构和互联网企业层面

传统金融机构借助互联网工具融入互联网领域开展金融业务创新除需要重视传统金融业务的法律风险、声誉风险和操作风险之外，尤其需要重视技术风险的防范。而互联网企业跨界金融行业开展金融业务除需要做好互联网企业自身所存在的技术风险的防范之外，更需要完善对金融领域存在的法律风险、市场风险、信用风险的防范，尤其是互联网企业经营者金融风险意识的强化，以维护互联网金融生态环境的稳健。

2. 杭州市委、市政府层面

杭州金融监管部门迫切需要推进互联网金融发展的风险监管体系设计，在现有的相关法规和指导意见下，细化互联网金融行业监管细则，制定互联网金融公平交易规则，明晰互联网金融业务各交易主体的权利和义务关系，强化政府监管力度，鼓励行业自律，营造良好的互联网金融生态环境，在政府的引导下，建立适合杭州互联网金融发展的风险监管体系，推进杭州互联网金融的健康可持续发展。

【参考文献】

[1] 刘英. 发展互联网金融：助力深圳实体经济[J]. 特区经济，2013(12)：10.

[2] 杨群华. 我国互联网金融的特殊风险及防范研究[J]. 金融科技时代，2013(7)：100-103.

[3] 周宇. 互联网金融：一场划时代的金融变革[J]. 探索与争鸣，2013(9)：67-71.

[4] 朱晋川. 互联网金融的产生背景、现状分析与趋势研究[J]. 农村金融研究，2013(7)：5-8.

[5] 周华. 互联网金融对传统金融业的影响[J]. 南方金融，2013(11)：96-98.

[6] 谢平，邹传伟. 互联网金融模式研究[J]. 金融研究，2012(12)：11-22.

[7] 王永利. 发展互联网金融促进经济转型升级[J]. 国际金融，2013(10)：6-8.

[8] 邱峰. 互联网金融对商业银行的冲击和挑战分析[J]. 吉林金融研究，2013(8)：44-50.

[9] 刘英，罗明雄. 互联网金融模式及风险监管思考[J]. 中国市场，2013(43)：29-36.

[10] 陈健. 论互联网金融创新——基于第三方支付支付宝视角[J]. 中国市场，2014(2)：63-65.

[11] 王海全、农飞龙. 我国互联网金融发展相关问题研究 [J]. 华北金融，2013(11)：59-62.

[12] 潘锡泉. 我国 P2P 网贷发展中蕴含的风险及监管思路[J]. 当代经济管理，2015(4)：49-53.

[13] 胡烨丹，潘锡泉. 传统金融机构开展互联网金融业务的风险分析及思考：基于杭州金融业的分析[J]. 浙江金融，2015(4)：9-12.

[14] 刘越，徐超，于品显. 互联网金融：缘起、风险及其监管[J]. 社会科学研究，2014(3)：28-33.

P2P 网络借贷风险分析①

浙江金融职业学院金融系　樊祎斌

内容摘要:P2P 网络借贷是我国互联网金融中发展最快的一个类型。在 P2P 网络借贷这个蓝海领域里,创新带来了无限活力,创造了巨大的效益,另一方面也带来了诸多的不确定性,这个行业在快速发展的同时也在不断地积累着风险。由于监管的滞后,整个行业处于无监管、无标准、无门槛的三无状态,累积的风险不能得到有效的化解。2015 年下半年,随着 e 租宝等大型平台问题的爆发,加强 P2P 行业监管,有效控制行业风险已到了刻不容缓的地步。

关键词:P2P 网络借贷　风险　金融监管

一、引言

P2P 网络借贷是互联网金融(ITFIN)的一种,意思是:个人对个人。P2P 网络借贷指个人与个人间的小额借贷交易,一般需要借助电子商务专业网络平台帮助借贷双方确立借贷关系并完成相关交易手续。借款者可自行发布借款信息,包括金额、利息、还款方式和时间,实现自助式借款;借出者根据借款人发布的信息,自行决定借出金额,实现自助式借贷。P2P 网络借贷平台是指 P2P 借贷与网络借贷相结合的金融服务网站。中国 P2P 网络借贷自 2012 年以来进入高速发展时期,根据第一网贷数据统计,截至 2015 年 12 月底,全国累计成立 P2P 网络借贷平台 4948 家,历年成交额累计 16312.15 亿元,其中 2015 年全年成交 11806 亿元,较上一年增长 259%,仅 12 月份一个月网络贷款总额就达 1337.48 亿元,投资人数 298.02 万人,借款人数 78.49 万人。在规模迅速膨胀的同时,网络借贷行业一直处于无准入门槛、无监管机制、无行业标准的三无状态,各类风险事件层出不穷,进

---

① 项目资助:浙江省金融教育基金会 2014 年度一般项目(2014Y02)。课题组成员:樊祎斌(主要执笔人),汪卫芳,孙颖。

作者简介:樊祎斌,1973 年出生,男,讲师,主要研究方向为国际金融和互联网金融。

入2015年底，行业风险更是集中爆发。2013年以来已经发生各种问题平台1518家，其中2015年全年共1156家，占76.15%，较上一年增长303%。[①] 特别是一些大型平台如e租宝等平台问题的爆发，给投资者造成了巨大的损失，给宏观金融稳定带来了巨大的隐患，也给方兴未艾的P2P行业的发展蒙上了阴影。

二、P2P网络借贷风险分析

P2P网络借贷中，网贷平台充当信息中介，承担信用认定、信息配对、利率制定以及法律文本起草等责任，减少借贷双方的信息不对称，以降低风险。但是在整个行业"三无"的背景下，我国网络借贷模式多样，参与主体成分复杂，信息不对称不仅出现在资金借贷双方之间，也出现在客户与借贷平台以及第三方的支付、担保、小额信贷公司之间，风险不仅没有弱化，反而更加复杂。

（一）借款人的风险

首先，寻求P2P网络借贷的借款人通常缺乏抵押担保条件，无法通过正规金融渠道获得资金，P2P网络借贷条件宽松、审核不严、借贷方便，容易产生逆向选择问题。P2P网络借贷平台往往缺乏有效的、尽责的信息审核和评价机制，进一步加剧借贷双方的信息不对称，增大了信用违约发生的可能性。

其次，借款人在使用借款时存在道德风险。借款人的资金用途也是投资者选择借贷项目的重要依据。但是互联网金融交易有着分散、金额小的特点，这使得平台难以对借款人实际使用资金的情况进行有效的监控，增大了借款人没有将资金用于承诺的用途而是投向高风险的项目甚至是违法犯罪活动的风险。

对于小微型的借款人来说，由于信用等级低，抵押资产不足，P2P借贷为其提供了便利的融资渠道。但是由于缺乏完善的社会征信体系，P2P平台的信用记录未纳入央行的信用体系，借款人的违约成本低，进一步加剧了借款人的违约风险。而对于大额借款人来说，如能从银行获得贷款，其利率水平要远远低于P2P贷款的利率，其不能获得银行贷款而被迫借助于P2P渠道筹措资金，显然是因为其风险过大，而导致银行不愿意向其放贷。不管是P2P平台还是普通的P2P投资者，其风险识别、风险控制及风险承受能力都远远不及银行，银行都不能承担的风险，更不是P2P平台和P2P投资者能够承担的。

（二）P2P网络借贷平台的风险

P2P平台是网络借贷行业的核心，网贷行业的风险也集中在平台上。欧美等国家的P2P平台本质上只是充当信用中介，不介入资金交易，也不承担借款人违

---

① 数据来源：网络之家网站 http://shuju.wdzj.com/industry-list.html，第一网贷网站《2015年全国P2P网贷行业年报快报》。

约的风险。而在中国，由于社会征信体系的不完善，P2P平台的性质发生了根本性的转变，必须承担起更多的责任，从而面临更多更大的风险。

1. 信用风险

网络借贷行业无门槛、无监管、无标准，网贷平台的欺诈和违规操作同样会产生信用风险，给投资者带来损失。网络借贷平台的信用风险主要来自于以下几方面：

第一是欺诈。网贷平台纯以欺诈为目的，在平台上投放虚假标的，骗取投资者资金后卷款潜逃。

第二是资金池。在缺乏监管和行业规范的情况下，平台将投资者充值的资金归集到自己的资金池中，获得这些资金的调配权，可以轻易地非法挪用客户的资金。目前发生的平台卷款逃跑案件基本上都存在资金池问题。

第三是自融、拆标。自融是指平台吸收资金自用或转给关联公司使用，网贷平台进行自融型的操作，首先在获取投资者资金时涉嫌欺诈，其次自融资金的使用存在较大风险，在借贷到期后，平台借新还旧，极易演变成庞氏骗局。拆标是指平台将长标拆分成短标，或者将大额标的拆成小额标的，借贷资金长短期不相匹配容易产生资金流断裂的风险。

第四是高息。平台为了吸引客户，设置较高水平的利率，多数爆发问题的平台都存在高息问题。高利息进一步加剧了网络借贷的逆向风险，使得P2P网络借贷平台成为高风险资产的集中地。

第五是担保。为降低投资者风险，吸引客户，一些平台为投资者的资金本息提供担保。而一旦大批借款项目出现风险问题，平台承担连带的担保偿还责任，如果平台的现金流不足，就会引发平台的经营危机。

2. 法律风险

银监会将P2P网络借贷平台界定为信贷服务中介公司，这类中介公司收集借款人、出借人信息，评估借款人的抵押物，如房产、汽车、设备等，然后进行配对，并收取中介服务费①。但是目前法律上并没有明确赋予银监会对P2P网络借贷机构的监管权限，监管主体不明确，P2P平台的法律性质定位不清楚，业务范围界定不清晰，P2P网络借贷的一些业务活动合法性存在疑问。

目前，我国的P2P网贷平台根据借贷流程的不同，可以分为以拍拍贷为代表的纯平台模式和以宜信为代表的债权转让模式。债权转让模式下，借贷双方不直接签订债权债务合同，而是通过第三方个人先行放款给资金需求者，再由第三方个人以类似于资产证券化的操作方式，对持有的债权打包重新分割后出售给投资者。

---

① 银监办发〔2011〕254号：《中国银监会办公厅关于人人贷有关风险提示的通知》。

债权转让模式下网贷平台已经不仅仅是中介,而是介入实际的资金运作。P2P网络借贷平台注册的经营范围一般是"金融咨询"和"信息服务",不能吸储,不能放贷,不能担保。那么债权转让模式下平台的业务活动显然已经超越了这一范围,涉嫌非法吸收存款、非法集资以及非法从事银行信贷业务。一些网贷平台还涉及担保、资金存管等问题,同样存在法律风险。

3. 信息安全风险

国家互联网信息办公室副主任彭波曾公开表示,"安全"是互联网发展的底线。包括人人贷、拍拍贷等在内的多家P2P网络借贷公司都曾经遭受过黑客的攻击,影响到这些网贷平台的正常访问。黑客通过互联网攻击勒索平台,干扰平台正常运营,盗窃投资者的信息以牟利。互联网是网络借贷实现的途径,网络借贷平台必须有足够的技术能力和手段防范来自互联网的种种攻击,确保平台、客户及其交易的安全。

(三)投资者的风险

1. 洗钱风险

在网络借贷平台的借贷资金通过第三方支付来进行,由于网络支付的匿名性、隐蔽性、即时性,监管部门对资金的来源和流向难以追踪,网络借贷平台也缺乏对投资者及其资金来源监督审核的机制,这就给犯罪分子利用网络借贷进行洗钱等违法犯罪活动提供了空间。

2. 组团风险

团购是互联网上特有的商业活动形式,在网络借贷市场中也同样存在组团投资的情况。投资者组团或者是因为经验不足,或者是想通过团体投资的方式增强议价权从而获得更高的利率,因此网络借贷组团更倾向于高息平台,而高利率的项目背后必然隐藏着高风险。一些平台与网络借贷组团的组织者合作,以利益引诱组织者将组团资金投向自己的平台,一旦平台卷款逃跑或者是问题爆发,参团的投资者将蒙受惨重的损失。在2013年的网贷平台倒闭潮中,有组团的大概有二三十家,至少占出事平台的三分之一。①

3. 流动性风险

出借人与借款人的流动性偏好有明显差异,借款人希望获得长期稳定的资金,而出借人则要求借贷有较强的流动性。网络贷款平台上真实的借贷项目一般期限较长、利率较低。出借人无法要求借款人提前偿还借款,在借贷存续期内投资者若需要收回资金将十分困难。虽然许多借贷平台提供了贷款转让功能,但是在合法性和安全性等方面仍然存在争议。

---

① 数据来源:新浪财经网站《网贷平台倒闭背后:P2P组团催生超60%高息》。

P2P 网络借贷的高利率吸引了大量民间资本，网络借贷市场呈现供不应求的状况，借贷标的一放出即被抢购一空。投资者抢标前需先在平台上充值，却经常无法抢到标的，资金在平台中闲置沉淀。沉淀资金不能给投资者带来收益，又容易被平台非法挪用，给投资者带来额外的损失。

（四）第三方机构风险

为降低风险，网络借贷需要由第三方机构进行投资者资金的支付、托管，一些平台还引入担保机构为投资者的资金提供担保以降低风险。但是这些第三方机构本身存在的风险也给网络借贷增加了更多的不确定性。如第三方机构自身存在信用风险和法律风险，客户在使用第三方支付个人信息失密导致损失的风险，网贷平台和第三方机构联合欺诈投资者的风险等等。

（五）政策风险

由于缺乏完善的社会化征信体系，P2P 模式进入中国以后，不得不顺应中国国情做出相应的调整，使得中国的 P2P 平台性质发生了本质上的变化，从纯粹的信用中介变成了担保、融资中介和信用评级机构。这又造成了与现行法律制度的矛盾，可以说，大多数的 P2P 平台运行在法律的灰色地带。在 P2P 发展的初始阶段，监管规范迟迟不到位，可能是监管部门担心过早地介入会扼杀这一行业的创新性成长，但是从长期来看，行业的规范监管是必然的趋势，如何妥善处理当前 P2P 网络借贷活动与法律之间的矛盾冲突，未来如何明确 P2P 平台的性质及行业规范，未来不符合规范的平台如何转型以及是否顺利转型，政策上的不确定性给行业的发展带来了极大的风险。

三、防范化解 P2P 网络借贷风险的建议

（一）明确监管主体，制定法律规范

造成 P2P 网络借贷市场当前混乱局面的根本原因是缺乏监管。网络借贷本质上是金融活动，应当由银监会来对网贷行业、平台及其业务活动进行统一的监管，由银监会和信息产业部合作制定技术标准，保障平台的网络信息安全。

制定行业准入标准和规范，如资本金要求，从业人员要求，平台技术能力及标准，内控机制等方面设定明确的标准，保证网贷平台的资质及从业能力，平台实行注册登记制度，避免平台的欺诈，确保平台具有足够的风险控制能力。

目前国内的网贷平台有多种不同的模式，如纯平台型和债权转让型，有担保型和无担保型，纯线上型和线上线下结合型（OTO），等等。如果将平台严格定义为信息中介，那么大多数现有的网贷平台都不合规，必然会引起整个行业的动荡。从各类平台运行的情况来看，各有优缺点。从目前网络借贷行业发展的情况来看，引起风险的主要不是模式问题，而是平台自身的风险控制能力。简单地把网贷平台

限定为信息中介，固然可以大大减少风险，但是也将使这个行业失去活力。因此应该允许、鼓励多种模式的共存发展，应着重在准入资质、业务流程、业务标准、风险控制等方面的监管。

对不同的平台实行差异化管理，分别成立全国性的网贷平台和区域性的网贷平台。实力强，风险控制机制完善，有大数据资源或是有银行业背景的平台允许其在全国范围内开展业务。而相对实力较弱，不具备全国范围内征信能力，但是地域优势明显的平台则可以在地方银监局注册，只能发布本地的融资项目。

（二）完善社会征信体系，建立信息共享机制

在互联网背景下，获取经济个体信用的两个最主要的途径一是利用征信体系，二是利用大数据。网贷平台地位不明确，没有资格进入人民银行的征信系统，而且P2P网络借贷主要面向的小微型企业和个人缺乏信用记录。除极少数平台依托知名电商平台或社交平台外，一般的平台也不具备大数据资源。因此网贷平台基本上只能自己或者是通过第三方机构对借款人的信用情况进行审核，一方面增加了运营成本，另一方面也无法保证信息审核的质量。社会征信体系的建立、完善及开放共享是构建信用社会的基础，也是未来网络借贷行业发展完善的前提。在社会征信体系尚未建立的情况下，可以允许网贷平台进入人民银行征信系统，允许其共享工商银行税收、水电物业、银行资信记录等信息，增强平台信息收集及分析的能力。

（三）健全网络借贷平台的信息审核、风险分散与控制机制

风险控制是网络借贷的核心。网贷平台要建立有效、完善的信息审核及风险控制机制，完善安全技术，健全风险指标体系，特别是个人信息的安全问题，信用风险的预防和分散问题，资金转账安全问题，建立信息批露和交易记录上报制度，平台的风险控制状况及运营情况须定期向监管部门汇报，纳入监管部门日常监管的范围。将每笔借贷项目的最大金额与借款人的信用状况挂钩，一个投资者对一个项目的投资额度应设定限额以控制风险，出借人与借款人实行实名制以防止虚假标的，防范洗钱风险。平台应尽量减少信用借款，出借人应提供有效的担保。充分利用互联网的开放性，担保的形式可以多样化，可以是有形的资产，也可以是无形的个人名誉，等等。

当前社会征信体系尚未建立，单纯依靠网络来解决信息收集、审核、分析评价难度很大，网贷平台可以与第三方机构如小额贷款公司合作在线下对借款人的信用状况进行调查审核。不论是网贷平台自行进行征信还是通过第三方机构进行，都应当设立准入门槛，要求其具有相应的资质，对其信息的收集、审核及信息的应用设立规范标准并纳入监管。

我国的网络借贷还不具备欧美国家“去担保化”的信用环境，担保目前仍然是

分散信用风险、保障投资者权益的不可或缺的手段。完全由网贷平台自行提供担保风险过于集中，网贷的担保可与征信结合起来，谁征信谁担保，亦可由专业的担保机构承担此项业务。监管部门应对担保机构的资质、资金实力、担保额度等方面做出规范。

（四）健全资金支付及托管制度

确保投资者资金安全，平台不能设立资金池，不能介入资金的支付及存管，应由第三方机构分别为借贷双方提供线上支付服务和资金托管服务。第三方支付平台和资金托管机构应独立于网贷平台，杜绝平台在任何时候以任何方式接触客户资金，实现清算与结算分离，信息流与资金流分离。

P2P 网络借贷每一笔交易都会在互联网上留下记录，监管相对更加容易实现。具有完善的风险管理机制的 P2P 网络借贷有助于推动民间借贷的规范管理。对 P2P 网络借贷行业存在的风险问题，应该以市场的需求为导向，以风险的合理控制为目标，加强政府监管，建立行业规范，健全网贷平台风控机制，促进 P2P 网络借贷行业的健康发展。

（五）明确 P2P 平台的性质

P2P 平台扮演了太多的角色，既是信用中介，又要提供信用评级服务，还要为借款项目提供担保，因而承担了太多的责任，导致风险的过度集中。P2P 平台应明确其信用中介的性质，其主要任务是对借款项目和借款人的信用状况进行真实性的审核，而将信用评级及担保等工作交予专业的第三方机构进行。由第三方机构进行信用评级以保证评价的客观性和权威性，由第三方担保机构或保险机构为借款项目提供担保或保险，以外部增信的方式提高项目信用等级，分散项目风险。P2P 平台还应明确其服务对象主体是小微金融，不应承担其不能承担的高风险的大额贷款项目，充分发挥互联网分散、共享、公开、普惠的优势。借款项目主要应以个人或家庭消费信贷，个体工商户的小额生产资金周转为主，同时应将 P2P 平台的借贷记录纳入人民银行的信用体系，借款者的违约行为将会在其信用记录中留下污点，增大借款者的违约成本，相对较低的违约收益和较高的违约成本有助于抑制违约风险。

【参考文献】

[1] 罗明雄，唐颖，刘勇. 互联网金融[M]. 北京：中国财政经济出版社，2013.

[2] 谢平，邹传伟，刘海二. 互联网金融手册[M]. 北京：中国人民大学出版社，2014.

[3] 陈勇. 中国互联网金融研究报告(2015)[M]. 北京：中国经济出版社，2015.

[4] 谢平. 中国 P2P 网络借贷：市场、机构与模式[M]. 北京：中国金融出版社，2015.

[5] 黄震，邓建鹏. P2P 网贷风云：趋势・监管・案例[M]. 北京：中国经济出版社，2015.

互联网金融视角下小微企业融资与风险控制研究[①]

浙江金融职业学院经济管理系　曹　湛

内容摘要：本文从互联网金融研究综述入手，对国内互联网金融的发展现状、模式及发展前景进行了归纳和总结，在此基础上对互联网金融视角下的小微企业融资进行了较为详尽的分析。最后，对互联网金融风险控制问题进行了分析。

关键词：互联网金融　小微企业融资　供应链金融　风险控制

一、关于互联网金融的研究综述

2013 年以来，互联网金融已成为全社会的一个热点话题，相关学者也从互联网金融的内涵界定、发展现状、对中小企业融资和传统金融模式的影响及风险控制等角度进行了较为丰富的研究。

(一)互联网金融内涵界定与主要业态

目前，有关互联网金融的内涵尚无统一的定义，其中代表性的观点有以下两种。谢平、邹传伟(2012)指出，互联网金融是一种既不同于商业银行间接融资，也不同于资本市场直接融资的第三种金融融资模式。周宇(2013)认为，互联网金融是指通过或依托互联网进行的金融活动和交易，可以分为广义和狭义两种。广义的互联网金融主要包括两部分：一是通过互联网进行的传统金融业务，可以称为金融互联网业务；二是依托互联网创新而产生的新兴金融业务，主要由电子商务企业推出。狭义的互联网金融主要指上述第二种业务。上述两种内涵界定在媒体和相关学者的研究中得到了广泛应用。由于传统金融企业在解决小微企业融资难问题上成效并不理想，本课题将主要基于狭义的互联网金融对小微企业创新融资模式进行研究。

---

① 项目资助：浙江省金融教育基金会 2014 年度一般项目(2014Y03)。课题组成员：曹湛(主要执笔人)，柳毅，戴海容。

作者简介：曹湛，1983 年出生，男，讲师，主要研究方向为供应链金融。

与上述两种观点相对应，不同学者对互联网金融主要业态的分类也不完全一致。周宇（2013）认为互联网金融的业态主要有金融互联网、第三方支付、P2P互联网借贷业务、众筹业务、互联网理财业务等。杨凯生（2013）认为互联网金融业务可划分为支付结算类、融资类和投资理财保险类等几种，每一类又可以进一步划分为不同模式。娄飞鹏（2014）认为互联网金融条件下的小微企业融资主要有电商模式和P2P网络借贷平台模式，其中，电商模式又可以分为阿里小贷模式和京东供应链模式，P2P网络借贷平台模式又可以分为拍拍贷模式和宜信模式。徐洁等（2014）把互联网金融与小微企业融资模式分为点对点融资、基于大数据的小额贷款融资、大众筹资融资和电子金融机构-门户融资模式等四种主要模式。

（二）互联网金融模式

国内较早从事互联网金融研究的学者谢平将互联网金融归纳为六大模式，分别是第三方支付、P2P贷款、供应链金融、众筹融资、互联网整合销售金融产品、互联网货币。和毅（2013）指出，互联网金融在支付、交易成本、资源配置等方面的优势为供应链融资创新发展提供了契机，尤其以搜索引擎、大数据、社交网络、云计算等为代表的技术手段为供应链融资业务的发展带来技术和信息保障。陈一稀（2013）认为，广义的互联网金融泛指一切通过互联网技术来实现资金融通的行为，他将国内互联网金融创新模式分为支付方式创新、渠道创新、投融资方式创新和金融机构创新，如图1所示。

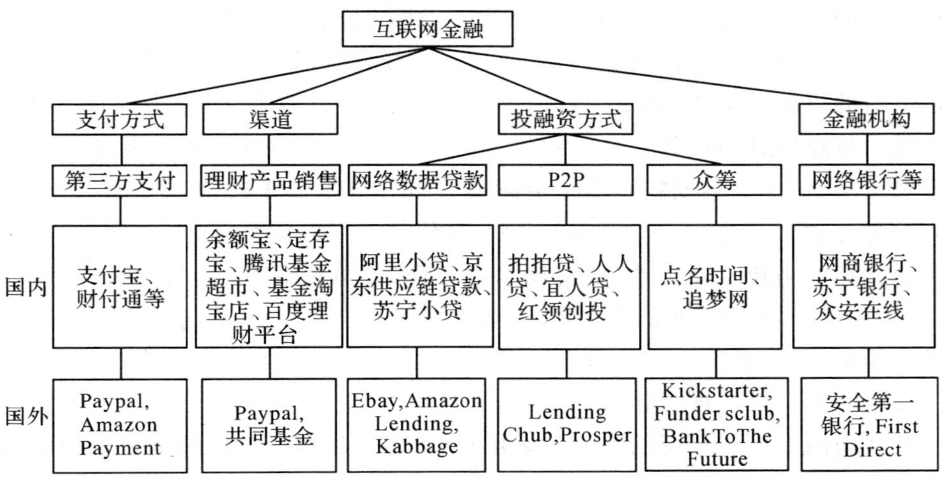

图1　互联网金融创新模式

（三）互联网金融的比较优势与影响

1. 互联网金融的比较优势分析

从资金融通成本的角度看，传统的融资模式包括间接融资和资本市场融资，前者的成本主要在于金融机构的经营成本、员工工资和场所费用，后者的成本主要是税收。在信息收集、加工和传播速度越来越快的背景下，金融市场的信息披露呈现透明化的趋势，金融市场供求方之间的联系更加紧密，甚至能够绕过中介机构直接进行交易。省略了中介这一交易流程，互联网金融可以大幅度降低经营成本，也更容易获得客户资源，受传播和扩大客户需求的快速反应能力的影响，“互联网公司可以轻而易举地甄别出潜在客户人群，如果某些客户的交易也为金融交易提供可靠的数据参考支持的综合影响网上银行更多的能力”（贝为智，2011）。

从经营效率的角度看，互联网金融比传统金融处理金融信息和业务的方式更加先进。互联网金融最大的贡献，是互联网使得企业与客户的联系渠道由过去的柜台式，变为现在的网络交互式。改变后的联系渠道不但减少了市场信息的获取和反馈时间，而且让互联网金融企业更容易实现以市场为导向的发展战略，从而有利于金融创新。

2. 互联网金融的影响

通过利用云计算、大数据、电商平台、移动支付、社交网络和搜索引擎等互联网技术及移动通信技术，互联网金融将会对小微企业融资、个人理财、金融行业和市场监管等领域产生深刻影响。一些学者指出互联网金融可以有效缓解小微企业融资过程中的信息不对称问题，降低征信成本和交易成本，提高资源配置效率（谢平、邹传伟，2012；曾刚，2012；刘芸、朱瑞博，2014；程智锋，2014；郭喜才，2014），为个人提供了新的投融资渠道，满足了普通民众的金融需求（谢平、邹传伟，2012），具有普惠金融的特点（张明哲，2013）。还有一些学者认为互联网金融对传统金融业务、传统金融机构、传统金融模式和传统金融监管方式等提出了挑战（周宇，2013），将会对人类金融模式产生颠覆性影响（谢平、邹传伟，2012）。另外，一些学者指出互联网金融存在网络技术安全性、信贷技术可靠性、政策法规滞后、监管缺失等特殊风险，需要加强行业自律和市场监管，健全和完善社会征信体系，提高互联网金融企业风险控制能力（杨凯生，2013；于宏凯，2013；刘芸、朱瑞博，2014；张晓朴，2014）。

3. 互联网金融发展迅速

在互联网上发展融资的步伐显著增快，来自互联网统计的数据可以说明：2012年三方网上支付交易规模网络容量达到40万亿元，保持年均增长65%以上。贷款平台近两年来国内数量增长迅速，迄今达到2000余个，活跃数量也达到数百个。每年的网上信用卡申请数达到5000万张，近30%的人会选择网上购买保险。2013年第一季度结束，阿里金融仅仅依靠卖家已发货订单和一些其他信贷支持的信息，为超过25万的小微企业提供信用贷款，贷款金额为每个11000元。最近，阿里创造了一个金融融资盛宴：2小时内，18000个小卖家在淘宝共享阿里巴巴3亿美元的小型信用贷款，每个卖家的平均贷款约16000元。目前已在包括北京、上海、深圳、广州、天津、杭州、南京、苏州、西安、南宁等在内的43个城市开通了互联网贷款服务，已有超过1000家银行、小贷公司等正规金融机构进驻好贷网平台。

二、互联网金融视角下的小微企业融资分析

2011年工信部等四部委联合研究制定了《中小企业划型标准规定》，第一次提到了“微型企业”，其具体标准是结合行业特点，并考虑企业从业人员、营业收入资产总额等指标制定的，该规定共列出了16类行业的划型标准。以工业企业为例：企业从业人员小于1000人，或者营业收入小于40000万元即为中小微型企业。若从业人员大于等于20人，且营业收入大于等于300万元即为小型企业；若从业人员小于20人，或营业收入小于300万元即为微型企业。但著名经济学家、全国政协委员厉以宁教授表示，应该放开小微企业认定标准，全国各地工商户甚至农民家庭果园、蔬菜大棚等，都可以纳入小微企业，只有这样才能让更多人享受税收减免、获得融资担保等政策优惠。

一直以来，“融资难”是困扰我国中小企业特别是小微企业发展的一个瓶颈，早期较多学者从中小企业融资难的原因和解决措施等角度进行了较为丰富的研究。林毅夫、李永军(2001)指出，信息不对称是困扰我国中小企业融资难的主要问题，大力发展和完善中小金融机构是解决我国中小企业融资难问题的根本出路。林毅夫、孙希芳(2005)进一步指出，由于中小企业信息不透明，且常常不能提供充分的担保或抵押，正规金融机构难以有效克服信息不对称造成的逆向选择问题，而非正规金融则在收集关于中小企业的“软信息”方面具有优势，非正规金融的存在能够改进整个信贷市场的资金配置效率。

（一）小微企业融资效率分析

1.小微企业信贷可得性分析

信贷的获得情况分为三个层次：申请可得性、信贷可及性和信贷可得性。申请可得性，也就是所有申请的人当中有多少人拿到了贷款。再看信贷可及性，是指100家有信贷需求的小微企业中，到底有多少去银行申请贷款了。我们的调查发现，信贷可及性是57.8%，即在100家有银行信贷需求的小微企业中，只有57.8家去银行申请贷款，有42.2家不去申请，在银行的“高门槛”前望而却步了。那么，为什么有那么多小微企业连试一下的勇气都没有呢？48.8%的小微企业主因为“估计不会被批准”而不去申请。另有36.3%的小微企业主认为“申请过程麻烦”，10.1%认为“不知道如何申请贷款”，而这两个原因均为非市场因素。

而所谓信贷可得性，就是有信贷需求的100家小微企业中，究竟有多少最终拿到了贷款。其实，申请可得性和信贷可及性的乘积，就是信贷可得性。根据西南财经大学中国家庭金融调查与研究中心的研究报告指出，在申请贷款的小微企业中，有79.9%的比例获得贷款，银行贷款拒绝率为20.1%。从这个数字来看，小微企业的信贷可得性似乎挺高。但国内小微企业的信贷可得性为46.2%，即100家有银行信贷需求的小微企业中，能够实际获得贷款的只有46.2家。报告称，负债小微企业有近八成从民间借款，借款额占小微企业负债总额的45.7%。来源则主要以兄弟姐妹、朋友同事、父母及其他亲属为主，小贷公司、民间金融组织的占比只有3.9%。在民间借贷里，5万元以下的小微企业借贷，70%来源于民间，30%来源于银行；对于负债金额为100万以上的小微企业，其负债总额的63.6%来自银行，36.4%来自民间，民间借贷的平均利率高达22.6%。

信贷可得性较低的一个很重要原因在于，有银行信贷需求的小微企业中，只有57.8%去银行申请贷款。“不去银行申请的原因，其中有将近一半是认为不会被批准，觉得条件不够，还有一个是因为不了解而不去申请。但我觉得主要原因是银行的服务不到位，企业觉得申请过程很麻烦。”西南财经大学中国家庭金融调查与研究中心主任甘犁称。他表示，若剔除与信贷员不熟而拒绝的因素，信贷可得性能提高到49.6%，剔除申请过程麻烦和不知道如何申请，可以提高到61.9%，“所以服务不到位是很重要的原因”。

提高信贷可及性和申请可得性都可以提高小微企业的信贷可得性，其中，最主要的是提高信贷可及性。分析表明，如果银行避免因“与信贷员不熟”这一非市场因素而拒绝小微企业主的贷款申请，从而提高其申请可得性，那么小微企业的信贷可得性可提升至49.6%；如果银行能够通过简化贷款审批程序，加强小微企业贷款的宣传和辅导而提升银行服务质量，从而提高其信贷可及性，那么小微企业的信贷可得性可提升至61.9%；如果上述两方面同时改善，那么小微企业的信贷可得性可提升至66.5%。

当然，除了客观原因，小微企业主的金融知识普遍不高也是一个重要原因。调研发现，申请贷款的小微业主，其金融知识水平高于估计不会被批准而未申请贷款的小微业主。如果小微业主更加注重自身金融知识的积累，通过学历教育或经济、金融类课程培训提高金融知识水平，小微企业的信贷可得性还可以进一步提升。

此外，政府也要加大对小微企业及个体工商户的信贷支持。从社会贡献方面看，包括贷款资金所带来的净利润和所支持的雇佣人数，小微企业都产生了更好的社会效益。截至2012年底，我国上市公司的银行贷款余额是5.67万亿元，每亿元贷款所带来的净利润是0.18亿元，所支持的就业为231人；小微企业获得的银行贷款余额为11.58万亿元(根据央行《2012年金融机构贷款投向统计报告》)，每亿元贷款带来的净利润高达0.43亿元,所支持的就业为1822人,分别是上市公司的2.4倍和7.9倍。可见,银行信贷资金虽然流向了经营规模更大的上市公司,但从资金的使用效率和社会贡献方面,小微企业更胜一筹,值得政府加大支持力度。

2.小微企业的融资成本分析

调查发现,小微贷款融资,第三方收费项目多达十几项,费用占比较大的主要有以下几项:抵押物评估费,由评估中介机构根据抵押品评估价值分档次按比例向小微企业收取,评估值越高,费率越低,收费标准通常为抵押物评估金额的0.1%—0.25%;抵质押品登记费,由登记机关按评估额的0.1%—0.3%收取。对于由担保公司进行担保的,企业需要向担保机构支付担保费用,收费标准通常为评估额的1%—3%。融资链条长、风险投资规模小、债券市场不发达、大企业过度套利是导致中小企业融资成本过高的原因。

(二)基于互联网金融的小微企业融资分析

互联网金融作为传统金融体系的有益补充,在解决小微企业融资方面具有先天优势。一些学者围绕互联网金融对小微企业融资的积极作用展开了一些初步研究。刘芸,朱瑞博(2014),程智锋(2014),郭喜才(2014)等大多数学者认为,借助于大数据和互联网技术的应用,互联网金融可以有效降低信息不对称程度、提升小微企业融资效率。此外,王馨(2014)基于长尾理论的视角,对互联网金融企业的运营模式进行了分析。徐洁等(2014)和娄飞鹏(2014)对互联网金融支持小微企业融资的具体模式进行了探讨。

1.互联网金融对小微企业融资的影响分析

凭借门槛低、效率高等优势,互联网金融正在逐渐成为小微企业融资的一条重要渠道。从小微企业的发展阶段和融资流程来看,当前互联网金融可以在以下六个方面做出更大贡献:

第一,互联网信用体系建设和风控体系建设,可以为破解高风险问题做更多贡献。中国的信用体系不健全制约小微企业融资效率,也会制约互联网金融平台业务的发展。一方面,这些问题是存在的;另一方面,互联网大数据的产生,使我们增加了对风控量化的识别工具和信用评级的新依据。比如,在国外已经出现这样的互联网公司,其客户在网上的一切数据和痕迹都可以作为信用评级的依据。因此,一切数据皆信用,使我们的互联网信用体系有可能加速建设。此外,风控互联网能更加有效地强化各个环节和流程的风控,有助于破解当前的风控难。互联网一方面可能会加大风险,另一方面也提供了更多的风控手段。

第二,网络借贷不再只限于P2P。大家在热议100多家P2P平台倒闭破产跑路,但这是一种不准确的描述,因为其中很多是伪P2P。此外,P2P分散交易的结构,启发了其他的金融机构,包括小贷公司和银行,都在把互联网作为延伸业务的渠道，通过分散风险以自己的方式开展业务，于是产生了银行开电商和P2P平台等一些新的做法。网络银行不再只是将传统的业务搬到网上去，而是使用了网络借贷的新技术。此外，小贷公司过去主要是在线下开展业务，现在国内已经有了一大批网络小贷公司。因此，网贷不再只是P2P，所有的金融机构都可以开展。

第三，基于小微企业已有的资源开展的供应链融资和票据融资，在当前互联网条件的支持下也有了很大发展，像京东供应链金融、阿里的供应链金融，还有票据宝等一系列新的平台，从而增加了小微企业融资的工具。

第四，众筹实现了高速发展。我们不仅引进了国外的众筹模式，同时也有了自己创新的模式——合投模式。企业融资不需要增加成本，通过期权的模式进行融资，再加一个外部董事会就可以辅导企业的成长，企业有需求我们就可以为它解决这些问题。融资再加一系列扶持手段，可以成为辅助小微企业发展的重要选择。

第五，各地建设中的股权交易市场、产权交易市场等所谓四板市场，在互联网金融的大生态平台下发挥的协同效应已经产生了非常好的效果。比如，长三角产权市场引进了一系列众筹公司，加快了对小微企业融资的辅导和融资速度。

第六，在资本市场上，新三板、创业板正在降低门槛。阿里上市启发我国应该降低上市门槛，这样能够让更多的支持互联网和互联网金融的企业在国内得到融资，进而扶持小微企业的发展。

2. 面向供应链的互联网金融模式创新分析

上面提到，基于小微企业已有的资源开展的供应链融资在当前互联网金融背景下有了很大发展，京东供应链金融等一系列新的平台，增加了小微企业融资的工具。我们这里就对互联网金融背景下的供应链融资模式创新做一个简要的分析。

早在互联网金融的概念兴起之前，供应链金融就已经引起了人们的关注。供应链金融是运用供应链管理理念，为相互关联的企业提供金融服务的活动。其基本模式是以核心企业的上下游企业为服务对象，以真实的交易为前提，在采购、生产、销售等环节提供金融服务。胡跃飞和黄少卿(2003)从银行的视角出发对供应链金融进行了定义，即银行根据特定产品供应链上的真实贸易背景和供应链主导企业的信用水平，以企业贸易行为所产生的确定未来现金流为直接还款来源，配合银行的短期金融产品和封闭贷款操作所进行的单笔或额度授信方式的融资业务。因此，供应链金融是集物流运作、商业运作和金融管理于一体的管理行为和过程，它将贸易中的买方、卖方、第三方物流及金融机构紧密地联系在一起，实现了用供应链运营盘活资金，同时用资金拉动供应链运营的作用。在供应链金融模式中，金融服务主要面向供应链上下游的业务关联企业(以中小微企业为主)，并从供应链运营活动中发掘投资机会，而提供金融服务的主体可以是银行，也可以是其他具有资金能力的公司。(如图2所示)以银行为主导的供应链金融模式，金融服务的特性明显，但是供应链运营管理的能力较弱。很多供应链管理公司凭借自身的供应链管理能力和一定的金融能力，同时借助银行等外部力量，可以真正同时解决供应链的金融服务与运营管理问题，从而产生更强大的供应链竞争力。

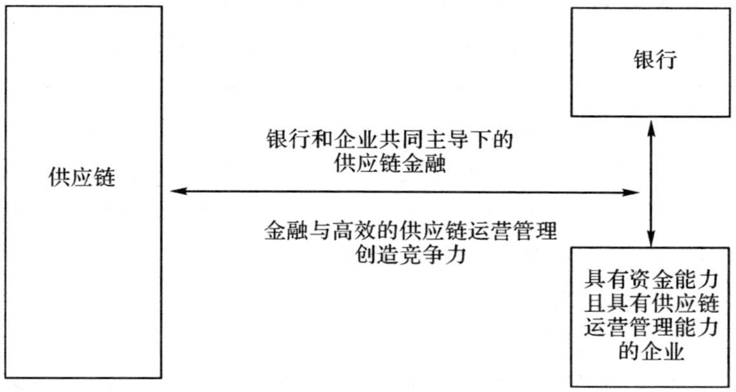

图 2　整合运营管理能力的新型供应链金融运作模式

在当前互联网快速发展的背景下，互联网通过大数据加入到供应链金融的服务网络之中，使金融服务提供方能够随时获取核心企业和上下游企业的仓储、物流、付款等各种真实信息，配合核心企业经销商的在线采购以及用户的在线定制，可以实现在线融资，以及在线的融资方式定制。一方面，互联网金融依托互联网所给予的技术优势，能够更快地募集到更多的资金，开发出形式多样的金融服务产品，满足包括供应链成员企业在内的众多融资方的金融服务需求。这种突破时间、空间限制的金融服务模式，对于数量众多的中小企业来说，是一个非常便捷的融资渠道。另一方面，传统供应链金融所涵盖的金融服务支持、供应链运作管理支持等方面的能力通过互联网这一媒介，也开始逐渐整合到互联网金融体系中。基于金融服务能力的视角，部分学者认为，互联网金融和供应链金融是范围不同的两个概念，互联网金融涵盖了供应链金融。中央财经大学法学院教授、互联网金融千人会创始会长黄震认为："供应链重新定义了物流管理，互联网重新定义了供应链管理，互联网金融重新定义了供应链金融。"

有学者将互联网金融对接供应链的服务模式称为"线上供应链金融""互联网供应链金融"等。孙爱丽和牛淑珍(2014)认为，线上供应链金融是通过银行服务平台与供应链协同电子商务平台、物流仓储管理平台无缝衔接，将供应链企业之间交易所引发的商流、资金流、物流展现在多方共用的网络平台之上，实现供应链服务和管理的整体电子化，为企业提供无纸化、标准化、便捷高效、低运营成本的金融服务。尽管在表述上有差异，但是众多学者都认可，为供应链中数量众多的中小企业提供金融服务是互联网金融的重要组成部分，这也反映了互联网、供应链、金融协同发展的现实情形。

面向供应链的互联网金融是以互联网为技术依托，整合互联网金融服务资源，为供应链提供金融服务与管理运营服务的综合系统。依托互联网技术，不仅可以给供应链带来庞大的资金源，而且可以为供应链运作带来强大的信息支持，实现供应链运作的无缝对接。然而在供应链中导入互联网金融也面临着考验，迫切需要解决影响其成长的瓶颈问题。目前，互联网金融商业模式主要包括第三方支付平台模式、P2P 网络小额信贷模式、基于大数据的金融服务平台模式、众筹模式、网络保险模式、金融理财产品网络销售模式等，这些商业模式代表了互联网金融服务中的典型产品模式，这些产品模式更多地体现出了基于互联网的金融服务特性。而在服务于供应链时，金融产品模式需要考虑不同供应链运行的特性，比较典型的产品模式包括采购执行类、存货质押类和销售执行类，每一大类又可衍生出一些小的专业的品种，各个品种的不同组合就构成了多种多样的面向供应链的金融产品模式。因此，互联网金融在对接供应链上数量众多的中小企业时，还需要结合供应链运营管理的特性，开发和设计针对性更强的产品模式。

三、互联网金融发展中存在的风险

（一）系统风险

由于依赖于计算机或者移动设备的软硬件配置，网上银行具有较高的系统性风险。首先是外部支持的风险，如使用外部技术支持的金融机构以降低运营成本。如果外部技术支持者因遇到财政困难或者违背职业道德，就会导致互联网金融企业无法得到高品质的网络服务设施，进而发生伪造电子货币和欺诈风险，金融机构的内部客户数据泄露的风险也会导致金融盗窃。其次，互联网天生的高联动性使高风险的感染可能性大大增加。互联网金融机构融资支付平台是共同的多边信用网建立起来，交织每个网络节点，双向互动，损失的任何风险的一部分很可能会蔓延到整个网络，严重时可导致整个金融体系互联网瘫痪。

在互联网金融模式下，用户信息很有可能被控制，因此信息安全已经成为一个令人担忧的问题。如何保障用户信息的安全性，使信息不能被用于侵犯用户在其他方面的利益，是互联网金融发展的道路上必须移除的障碍。比如第三方支付中最普及的支付宝，客户只需在网上用支付宝账号、密码进入，并使用已校验和动态绑定的手机，支付平台很难核实客户的真实身份，经常发生账户被盗或已成为快捷支付的代价。因此，只有解决了信息安全的问题，才能让更多的人接受互联网金融模式。

由于网络交易不能保证交易真实性，也增大了套现洗钱的风险。第三方支付平台将交易双方割裂开来，交易的真实性难以甄别，降低了信用卡套现的犯罪成本和犯罪风险;网络借贷平台充当中介,投资者的身份与资金来源难以掌握。这两个方面导致互联网金融企业成为洗钱的中转平台。

(二)市场选择风险

互联网金融市场的选择风险是由于信息不对称导致从事互联网金融服务机构面临逆向选择和可能造成商业道德风险的风险。一方面,金融服务和互联网服务提供商有显著的虚拟性,通过电子信息的虚拟世界进行商业活动构成了信息不对称,因此需要确认信用评价等方面的信息。办理业务时,客户可以使用他们隐藏的信息,从而导致基于互联网的金融服务供应商不能获取真实信息,难以区分网上客户的真正信用水平。另一方面,信息不对称的情况下互联网金融市场可能成为"柠檬市场"。互联网金融服务是一个虚拟的金融服务,加上中国网上银行仍处于起步阶段,这很可能会诱使互联网金融提供商降低自己的服务水平,维持较低的成本以提供具有竞争力的市场价格。但金融服务相对较差的网络质量不能被客户接受,高品质的互联网金融服务供应商又会受到市场挤压,根据"劣币驱逐良币"的格雷欣法则,如果未来仍无监管互联网金融将成为次品市场。

从吸储到委托理财,再到放贷,整个电子商务的产业链、业务品种,都逐渐地和银行业务出现了趋同性。以"余额宝"为例,其本质上是一款理财产品,尽管收益率略高于商业银行,但是其不确定性让投资者处于观望态度,因而不容易全面打开市场。在以后的发展路途中,"余额宝"等理财产品会投资高风险、高回报的项目,以便与传统银行业理财产品展开竞争。一旦产生较大的亏损,投资者的利益受到损失后难以追回。没有了人民银行的存款准备金支持,极易爆发危机。

以 P2P 为例,"拍拍贷""分分贷"等微融资平台,客户群体为小型公司及个人客户,而由于信用度较低、抵押品不足,这些客户大多难以在银行取得贷款,加之我国当前没有完全开放的个人征信系统,更是增加了 P2P 寻找优质客户资源的难度。用以缓冲的自有资金不足,又没有央行支持,造成了坏贷率居高不下。

(三)法律风险

互联网金融的法律风险有内在风险和外在风险之分。其中,内在风险是指互联网金融的主体,如金融机构和互联网企业不遵守现有法律规定的义务,银行内部人员泄露客户有价值信息,互联网企业故意隐瞒理财产品的高风险等行为,这类风险类似于传统金融业务。外在风险是指我国仍处于互联网金融法律的相对空白区,有关网络借贷、安全支付的法律与现实金融环境相比严重滞后。近年来,虽然相继有《电子签名法》《网上银行业务管理暂行办法》《网上证券委托管理暂行办法》《证券账户非现场开户实施暂行办法》等法律法规出台,但这些也只是基于传统金融业务的网上服务制定的。针对互联网金融新业务的市场准入、资金监管、交易者的身份认证、个人信息保护、电子合同有效性的确认等方面都还没有明确的法律规定。目前,网络金融电子支付采用的规则都是协议,是在双方说明权利义务关系的基础上签订合同,出现问题则通过仲裁解决。但由于缺乏相关的法律,造成问题出现后涉及的责任确定、承担、仲裁结果的执行等难以解决。新的《合同法》虽然承认了电子合同的法律效应,但尚没有解决数字签名的问题。

当前的银行、保险、证券法规只能适用于传统金融业务的例子就是P2P的法律风险。新兴的P2P、众筹、网络信贷往往利用法律漏洞,即使投资者蒙受损失也不会受到惩罚。我国没有关于网络信贷的法律,部分互联网公司非法进行融资创新,非法发行理财产品,并且隐瞒投资风险,已经触犯了"非法吸收公众存款""非法集资"的雷区。

目前P2P平台已经出现了道德风险问题,加之风险抵抗能力薄弱,一方面增大了互联网金融公司的运营风险,另一方面增大了融资者的信用风险。由于法律不健全,缺乏行业标准,不法分子仅仅通过购买源代码便可以建立一个P2P网络借贷平台,实施网络诈骗。利用P2P网贷平台的欺诈案件给投资者造成了巨大的经济损失。由于管理不善和信用危机,部分P2P网络借贷平台开始溃败。

值得注意的是,互联网企业缺少妥善的风险准备制度,也没有像商业银行一样的"最后贷款人"保险机制,一旦发生互联网金融危机,极有可能会迅速传染至经济的各个角落,严重影响金融安全体系和社会稳定。

(四)业务管理风险

这类风险来自两个方面:一方面,当前互联网金融提供方很多是由非传统金融行业进入,在主观上对金融风险缺乏应有的重视,疏于业务管理,特别是缺失在制度源头的管理。比如,网络贷款公司没有相应的风险准备金,网上理财产品过多宣传高预期回报却对风险提示不够,某些第三方支付机构在用户注册时核实客户的身份的手续较为简单,有的支付平台在大额资金汇划时无须使用U盾等必要的安全校验工具,P2P机构承担筹资、资金中介和担保职能,又没有资本约束,也存在较大风险,已发生网贷公司跑路事件。另一方面,在市场环境出现急剧变化时,由于预防性操作力度不够产生的流动性风险、资金安全风险等,比如第三方支付所采用的延迟净额结算存在时滞,一旦管理不善可能进一步引发流动性风险。信用支付业务中还要由第三方支付机构垫款,由此也面临着信用风险。

(五)网络技术风险

互联网金融依托的是发达的计算机通讯系统,计算机网络系统的缺陷构成互联网金融的潜在风险,比如开放式的网络通讯系统,不完善的密钥管理及加密技术,TCP/IP协议的安全性较差,加之计算机病毒及电脑黑客高手的攻击,都极易引起交易主体的资金损失。同时,互联网金融也需要选择成熟的技术解决方案来支撑,但存在着技术选择失误的风险,这种风险既可能来自选择的技术系统与客户终端软件的兼容性，也可能来自被技术变革所淘汰的技术方案。另外，我国的互联网金融软硬件系统大多引自国外，缺乏具有高科技自主知识产权的互联网金融设备，对整体的金融安全也有一定威胁。

四、互联网金融风险控制的机制研究

在互联网金融中，经济活动表现为货币信息的传递与调拨，代表货币资金的数字化信息在网络内流动。“虚拟”的金融交易不受时间和地域的限制，使得金融风险的传播速度加快、波及范围扩大。此外，互联网金融业务几乎全部在网上完成，交易对象不明确、交易过程透明度低，都加剧了金融管理部门调控和监管的难度。由此可见，互联网金融业务对金融风险具有放大效应，必须加强风险防范与管理。

（一）宏观层面的互联网金融风险防范分析

第一，构建互联网金融安全体系。(1)改善互联网金融的运行环境。在硬件方面加大对计算机物理安全措施的投入，增强计算机系统的防攻击、防病毒能力，保证互联网金融正常运行所依赖的硬件环境能够安全正常地运转；在网络运行方面实现互联网金融门户网站的安全访问，应用身份验证和分级授权等登录方式，限制非法用户登录互联网金融门户网站。(2)规范数据化管理。将互联网金融纳入现代金融体系的发展规划，制定统一的技术标准规范，增强互联网金融系统内的协调性，提高互联网金融风险的监测水平；利用数字证书为互联网金融业务的交易主体提供安全的基础保障，防范交易过程中的不法行为。(3)开发具有自主知识产权的信息技术。重视信息技术的发展，大力开发互联网加密技术、密钥管理技术及数字签名技术，提高计算机系统的关键技术水平和关键设备的安全防御能力，降低我国互联网金融发展面临的技术选择风险，保护国家金融安全。

第二，健全互联网金融业务风险管理体系。(1)加强金融机构互联网金融业务的内部控制。互联网金融业务的本质仍然是金融风险，从事互联网金融业务的机构应从内部组织机构和规章制度建设方面着手，制定完善的计算机安全管理办法和互联网金融风险防范制度，完善业务操作规程；充实内部科技力量，建立专门从事防范互联网金融风险的技术队伍。(2)加快社会信用体系建设。完善的社会信用体系是减少信息不对称、降低市场选择风险的基础。以人民银行的企业、个人征信系统为基础，全面收集非银行信用信息，建立客观全面的企业、个人信用评估体系和电子商务身份认证体系，避免互联网金融业务提供者因信息不对称做出不利选择；针对从事互联网金融业务的机构建立信用评价体系，降低互联网金融业务的不确定性，避免客户因不了解金融机构互联网金融业务的服务质量而做出逆向选择。

第三，加强防范互联网金融风险的法制体系建设。(1)加大互联网金融的立法力度。及时制定和颁发相关法律法规，在电子交易的合法性、电子商务的安全性以及禁止利用计算机犯罪等方面加紧立法，明确数字签名、电子凭证的有效性，明晰互联网金融业务各交易主体的权利和义务。(2)修改完善现行法律法规。修订现有法律法规中不适合互联网金融发展的部分，对利用互联网实施犯罪的行为加大量刑力度，明确造成互联网金融风险应承担的民事责任。(3)制定网络公平交易规则。在识别数字签名、保存电子交易凭证、保护消费者个人信息、明确交易主体的责任等方面做出详细规定，以保证互联网金融业务的有序开展。

第四，建立互联网金融监管体系。(1)加强市场准入管理。将是否具有相当规模互联网设备，是否掌握关键技术，是否制定了严密的内控制度，是否制定了各类交易的操作规程等内容作为互联网金融市场的准入条件，对互联网金融各种业务的开展加以限制和许可；根据开办互联网金融业务的主体及其申报经营的业务，实施灵活的市场准入监管，在防范金融风险过度集聚的同时，加大对互联网金融创新的扶持力度。(2)完善监管体制。互联网金融市场的发展突破了银行业、证券业、保险业分业经营的界限，对分业监管模式提出了很大挑战。我国应协调分业与混业两种监管模式，对互联网金融风险实行综合监管；互联网金融的发展打破了地域限制，对单独的国内监管提出了挑战，我国需与有较高互联网金融风险防范能力的国家和机构合作，学习对方的先进技术，对可能出现的国际司法管辖权冲突进行及时有效的协调。

(二)微观层面的互联网金融风险管理分析

从目前互联网金融行业发展现状来看，P2P 行业的借贷风险是最高的，我们在这里重点分析一下 P2P 网络借贷的风险管理。互联网金融的大热，使得 P2P 网络借贷行业从过去默默无闻走到了聚光灯下，拍拍贷、人人贷、人人聚财等 P2P 公司被大家更多地认知和了解，全国也掀起了一波 P2P 理财的热潮。对比传统的金融行业和 P2P 借贷产业，后者规模相对较小，但是它近几年增长速度却超过 300%，增量主要来源于国内市场的消费个人商务贷款、个人理财和投资等业务受众的迫切需求。与此同时，网络支付等互联网金融相关的市场普及，为 P2P 平台的网络用户来源提供了保障。再加上 P2P 平台逐渐完善机制，所以，P2P 借贷行业理所应当地呈井喷式增长。

然而，银监会的数据显示，目前国内可查的 P2P 机构有 1200 家，到 2014 年 7 月份为止，实际上跑路的有 150 家，每个月有六七家跑路。接二连三的 P2P 平台倒闭、跑路等消息让老百姓对 P2P 闻之色变，如惊弓之鸟。P2P 到底风险如何，是真的如大家所说的风险巨大、倒闭跑路很严重，还是 P2P 是低风险的资产，可以作为普通百姓重要的资产配置，就和银行理财、股票、基金、信托等一样可以作为家庭重要的资产配置？关于这个问题，专家和学者的观点不一。有专家的观点认为，整个社会的资产是按优劣质量逐次分级的，并划由不同的金融机构运作，最优的资产主要被银行把持，比如大量的优质国有企业、上市公司、地方政府等等，因为银行有最低廉的资金成本，成本优势使得银行可以吸引到最优质的客户；信托、证券公司等机构的资产质量次之，因为绝大多数信托和证券公司的客户天然是银行的客户，只有在不能达到银行风控标准或者其他个性化需求的情况下才由他们解决资金需求；基金子公司则再次之，因为基金子公司的注册资本金小，融资能力相对弱，所服务资产的质量相应也会风险更大一些；最后是 P2P，因为几乎只有从以上金融机构融资无门的时候，资金需求方才会去 P2P 找寻解决方案。换言之，P2P 的资产是最劣质的，是次债。

也有行业人士认为，P2P 定位于小微金融，市场规模巨大，未有主流传统金融机构介入，竞争环境良好。以人人聚财为例，目前客户平均单笔借款金额不到 8 万元，属于典型的小微融资。P2P 业务的风险很依赖市场规模和竞争环境，竞争越激烈，借款客户潜在的多头负债问题越严重，价格战越厉害，这些都会导致资产风险的增加。但就目前看，国内几乎没有正规金融机构在服务小微企业，单笔借款数万元的客户是难以从正规金融机构解决需求的，国内绝大多数小额贷款公司面向的客户也是单笔借款数百万元的企业级用户，小微金融鲜人问津。P2P 借贷企业主要则专注于其他金融机构很少涉及的小微企业融资，大部分业务投向到国内的三四线城市和中西部，这些地方金融环境更加恶劣，几乎没有任何机构帮助小微企业，唯一可以解决金融需求的就是“民间高利贷”。当正规的 P2P 公司进入以后，会极大缓解当地的小微金融需求抑制的问题。从商业角度看，因为几乎没有竞争，这里成为一片巨大的蓝海，而且借款客户实际非常优质，风险定价非常好把控，逾期率很低，在一些三四线城市纯信用借款客户的违约率不到 0.5%。未来传统金融机构是否会对 P2P 产生冲击，造成 P2P 资产质量的下行？专业人士认为，概率很低。原因有，第一，小微金融这一市场银行等传统金融机构从来没有碰过，没有相关的历史数据和风控经验积累，缺乏大数据和模型，目前银行在大企业的风险评估体系建设和信用卡业务数据模型建设有很大的积累，但 P2P 定位的小微金融恰好是银行的盲区；第二，如果银行要做小微业务，就必须和现在 P2P 机构一样弯下腰、深入基层，甚至趴在地上与客户打交道，人员成本、管理成本、风险定价成本等难以与现在的 P2P 机构比拼，成本这块处于劣势；第三，银行缺乏对小微金融的风险容忍度和对团队的激励机制。总之，银行进入小微金融的意愿不强，难度很大，不会对 P2P 造成冲击，P2P 公司可以不断积累数据，优化风险定价模型，持续提高风险定价的能力和核心竞争力。

（三）P2P 借贷行业的风险控制分析

从风险管理角度来分析，国内 P2P 借贷行业发展存在最大的问题是参与主体分散,机制尚未发展健全,逾期和坏账风险比较大,也难以控制。P2P 平台不在现行的金融机构的范畴之内,当前的金融体系的监管政策和法律措施对其不适用,监管部门尚未出台专门针对这类机构的具体措施。此外,P2P 行业的主要投资者大部分是被高收益吸引进入的普通群体,具有数量多、风险识别能力差、风险承受能力低等特点。所以 P2P 行业中存在的风险远胜于普通金融行业,投资人有可能为了逃避风险引发一系列的风险链条式传染,对这种情况要保持高度的警惕。由此可以看出,P2P 借贷平台得以健康持续发展的关键就在于做好风险管理,控制平台的风险。

P2P 借贷平台自身做出了一些内部控制措施,具体概括为以下几个方面:

1. 客户验证

在注册成为借贷网站的会员时,客户需要提供各类申请或者证明资料,通过网站的认证以保障提供信息的真实性,如身份证号码,手机号码,居住和工作地点,社会关系网等。初步通过验证后,在发布借贷信息时还要提供相关收入证明材料和信用证明材料等,如工作证明、银行流水单、信用报告、房产证明、学历等,以确保客户的借贷能力、信用习惯与发布信息匹配。

2. 对客户进行信用评级

各网站会对客户进行信用评级,通过其银行流水单、个人信用报告以及在借贷平台使用过程中的记录,结合其自身工作、收入、学历等,对用户进行信用评级,作为进行借贷时的有效参考。随着网络借贷平台的发展,对客户的信用考察不再局限于线上,在线下也会与客户面对面地考察,如宜信网,通过本人亲自出示各种证件原件和当面询问等途径,保证客户资料的真实。人人贷较其他网站会有关于借款人使用社交网络的一些调研,这种从借款人的社交习惯中寻找一些信用习惯和痕迹的方式非常具有创新性。

3. 还款保障制度

有的网站如拍拍贷,它的核心还款方式是按月还本并且付息,如此的话,借款人将还款得以分散开来,每月压力不大。作为另一方的投资人也是在相应的月份收到偿还金额,从而控制了坏账。宜信网为了保证有效还款降低风险,则采取分散贷款和每月还款制度。有些平台更是为借款方提供了一系列的紧密服务,它们会在借款人还款之前让借款人尽力拿抵押物作担保。假设有逾期或者坏账事件发生,它们也会帮助投资方解决法律上可能产生的问题,以防风险发生。

4. 本金保障制度

有些网站对出借人提供本金保障,承诺在借款人未按期足额还款的情况下,先对资金进行垫付,保障出借人不受损失,降低了出借人的风险。

【参考文献】

[1] 和毅. 互联网金融模式下的供应链融资发展思考[J]. 金融理论与实践,2013(12):75—77.

[2] 贝为智. 第三方支付平台对商业银行经营的影响与对策[J]. 区域金融研究,2011(1):40—44.

[3] 谢平,邹传伟. 互联网金融模式研究[J]. 金融研究,2012(12):11—22.

[4] 徐洁,隗斌贤,揭筱纹. 互联网金融与小微企业融资模式创新研究[J]. 商业经济与管理,2014(4):92—96.

[5] 娄飞鹏. 互联网金融支持小微企业融资的模式及启示[J]. 武汉金融,2014(4):6—8.

[6] 郭喜才. 基于互联网金融背景下的中小型科技企业融资问题研究[J]. 科学管理研究,2014(2):109—112.

[7] 刘芸,朱瑞博. 互联网金融、小微企业融资与征信体系深化[J]. 征信,2014(2):31—35.

第四篇

路漫漫其修远

互联网金融理论与浙江实践探索研究[①]

浙江金融职业学院投资与保险系 郑秋霞

内容摘要：互联网金融的快速发展推动了资本市场多层次的递进，业内外人士从不同视角透析中国互联网金融的发展。基于互联网金融业务的发展体系，本文结合已有理论，从平台经济带动产业一体化视角分析产业融合、业务创新带来的金融新发展。文章选择阿里巴巴集团的金融发展作为检验互联网金融理论的实证，实践验证了产业融合带来的互联网新金融，为推动传统企业向互联网金融企业发展提供了经验并奠定了一定的理论基础。

关键词：互联网金融 阿里巴巴集团 金融创新 产业融合

近年来互联网金融快速发展，互联网金融平台的数量和融入资本的总量呈倍数增长。依托网络，互联网金融企业积极投入实践提供金融新业务，促进互联网金融的发展。文章运用平台经济、产业融合等理论，将互联网金融企业的实践和互联网金融理论发展相结合，验证新形势下互联网金融在平台经济的新发展，以及产业融合助力互联网新金融，为传统企业向互联网金融化发展提供经验，并奠定一定的理论基础。

一、互联网金融相关理论

金融服务网络化是互联网时代的金融新需求，传统金融机构纷纷将互联网作为改变传统金融业务模式的工具，这是互联网金融发展的一个方面；另一方面，金融服务符合社会大众的基本需求，利用信息技术的优势，更多的非金融机构把金融需求与自身业务的发展相结合，创新出了令用户更加满意的金融服务新模式，如第

---

① 项目资助：浙江省金融教育基金会 2014 年度一般项目（2014Y05）。课题组成员：郑秋霞（主要执笔人），王静，于继波。

作者简介：郑秋霞，1978 年出生，女，副教授，主要研究方向为互联网金融。

三方支付、众筹融资等。需求转变使得互联网金融成为可能,信息技术是互联网金融创新的关键,平台经济是互联网金融发展的基石,产业融合带领互联网金融体系化发展。

(一)平台经济理论

平台(Platform)是指一种现实空间或虚拟空间,是交易的场所或者领域,可以导致或促成双方或多方客户之间的交易(徐晋,张祥建,2006)。互联网金融企业打造支付通道,搭建第三方支付平台,通过互联网和信息技术建立用户、商家和银行的连接,充当信用担保和技术保障,借助传统卡基支付工具或新兴的虚拟账户、虚拟货币等支付工具,为用户提供传统金融业务网络化的平台服务。

互联网金融建立在平台经济的基石上。网络平台是一种新兴的虚拟市场,搜索引擎、支付中介等服务能够促成双方或者多方供求满足或者金融资源的优化配置;而互联网金融企业通过管理平台交易创造价值,产生利润。网络平台的外延性让平台创造更多的价值,即平台用户数量的变化会影响平台对于另一边用户的价值,受限于平台支持的银行信息系统的种类和数量,平台支持的银行网络支付系统越多,平台对交易双方的价值就越大,用户就越倾向于选择该平台完成支付行为,具有规模经济效应。同时支付平台本身的价值与使用该平台的交易数量相关,互联网金融平台充分运用终端多元化的载体——手机、计算机、固定电话等其他移动互联设备,借助现代通信技术在空间上和网络上进行无限延展,为平台交易的形式多样需求提供多元化和个性化支付服务,这样平台的网络外延性在支付服务流程中就体现出来了。

与传统金融对大客户的充分关注不同,互联网金融更关注在数量上占优势的零散小客户,提供面向细分市场的零散的、个性化服务和产品。众多小客户是平台的参与者和频繁使用者,他们可能不直接创造利润,或者有的能够创造少量的利润,但是当平台的交易量和使用者数量足够大时,就能聚沙成塔、集腋成裘,积累可观的市场交易额和市场份额,这就是互联网金融的“长尾理论”。长尾理论的应用满足了以平台经济为依托的个性化需求,据艾瑞咨询统计,2015 年第一季度中国第三方互联网支付交易规模达到 24308.8 亿元。

(二)产业融合理论

产业融合(Industry Convergence)的思想起源于美国,1997 年欧洲委员会指出,融合是指“产业联盟和合并、技术网络平台与市场等三个方面的融合”。美国学者 Greenstein 和 Khanna 认为产业融合有“替代性融合”和“互补性融合”,“作为一种经济现象,产业融合是适应产业增长而发生的产业边界的收缩或消失”。

技术进步是产业发展进程的核心因素,近年来互联网技术的发展带来互联网企业的跨越式发展,互联网跨越不同行业进行产业的融合和升级。产业融合成功的互联网企业以阿里巴巴、腾讯、京东等为典型代表，这些企业利用互联网技术向传统行业渗透，不仅获得了较高的社会声誉，而且为企业发展创造了实际利润。2015 年 3 月，第十二届全国人民代表大会第三次会议中，国务院总理李克强在政府工作报告中提出制订“互联网＋”行动计划，推动移动互联网、云计算、大数据、物联网等与现代制造业的结合，促进电子商务、工业互联网和互联网金融健康发展。显然，互联网金融作为新兴经济形态，整合了传统金融、信息通讯、物流配送、生产制造等不同产业或者同一产业不同的行业，把互联网金融平台的上游、中游和下游结合在一起，形成了产业一体化的新金融体系，从这个角度来讲，互联网金融既是行业间的替代性融合，又是行业之间的互补性融合。

在融合各行业资源的基础上，互联网金融平台提供给参与者便捷的入口，共同开辟网络经济下的新市场，满足市场新需求。在产业融合过程中，传统行业固定的业务边界会逐渐模糊，会相互交叉与渗透，在此过程中涌现出的其他产业新的参与者，在某种程度上会进一步加剧产业之间的竞争和融合。产业融合的同时，不同企业增加了相互交流、取长补短的信息通道和平台，整合了部分闲置资源，降低了服务成本，达到了行业共赢。

二、互联网金融企业之实践

（一）平台为发展基石

互联网提供虚拟经济服务市场的金融平台，平台信息的数字化创新不仅是客户数字化，还延伸至整个商业经济的数字化，平台成为互联网金融企业发展的基石，平台经济日渐发展壮大。在众多的互联网金融企业的实践中，浙江阿里巴巴集团是依靠平台发展的典型代表。作为互联网企业，阿里巴巴立足网络平台，发展云计算、大数据、移动互联等新型互联网技术服务新金融。

1.平台基石的搭建

20 世纪末阿里巴巴集团在浙江杭州创立，经营商家之间贸易网络化操作平台，平台的功能类似于虚拟市场——展示商品。发展初期，网络化的交易使成本降低，吸引了一些商家参与进来，但由于没有较好的约束机制，参与其中的商户鱼龙混杂，所提供的产品质量也参差不齐，虚拟市场的交易并不顺利，平台的功能和作用有限，这样一来，大多数商家依旧习惯于传统商业模式，即投入较多的成本进行面对面的协商，达成交易。

2.“诚信通”助力平台发展

为解决平台的瓶颈问题，阿里巴巴于 2002 年推出“诚信通”，通过建立会员制度获取参与者的信息，再利用第三方独立机构认证的方式，建立参与商家的诚信档案，防范不诚信的交易行为，解决参与商家的信用问题。伴随交易的进行，商家逐步认可"诚信通",随后,阿里集团利用"诚信通指数"——通过商家信息、历史交易数据、交易后的评价进行指数评定,为交易双方提供判断彼此产品和信用的重要参考指标。

3. 支付宝构建平台支付通道

B2B成了网商们的交易平台。随着网络在大众间的普及,阿里巴巴集团于2003年创办了淘宝网,致力于个人网上交易的发展,并于2004年建立支付中介支付宝——第三方支付平台。2003年,网络购物在我国开始的时候,交易双方在网上完成交易意向并确认之后,可以选择在网下付款;或者买家先付款卖家后发货,或者卖家先发货买家后付款。但是其中的物流时间存在着极大的变数。支付宝采用将第三方作为支付中介的方法,在交易没完成之前,担保交易双方的利益,支付宝快速发展成为中国最大的第三方支付平台。2011年,根据中国人民银行的《非金融机构支付服务管理办法》有关规定,支付宝申请到《支付业务许可证》,业务的发展得到了规范。据艾瑞咨询数据统计,在2015年第一季度中国第三方移动支付的市场中,支付宝占据交易平台的77.2%。

4. 用平台品牌谋多元发展

2013年2月,阿里巴巴、腾讯和中国平安共同在上海设立众安在线财险公司,阿里巴巴持股比例达到19.9%,是公司最大的单一股东,它利用数据平台的优势,开始开拓网上保险市场。2013年6月新《基金法》的修订,不仅为基金业的发展带来新机遇,也为阿里巴巴集团迈向基金业带来可能。同年10月,阿里巴巴认购天弘基金的注册资本,持有天弘基金51%的股权,运用庞大的平台客户群体,利用支付宝,开发余额宝,把零散业务存量化,控股天弘基金。

通过阿里巴巴集团近十年的发展(如图1所示),可以验证当前企业在发展中建立平台、不断巩固平台的重要性。成功地建立一个平台,在此基础上利用平台的外延性,发展外围业务,继续扩建平台。随着平台的发展,平台使用客户规模呈指数级变化,平台人口的逐步统一又加强了客户黏性,方便其进一步的业务创新和使用。

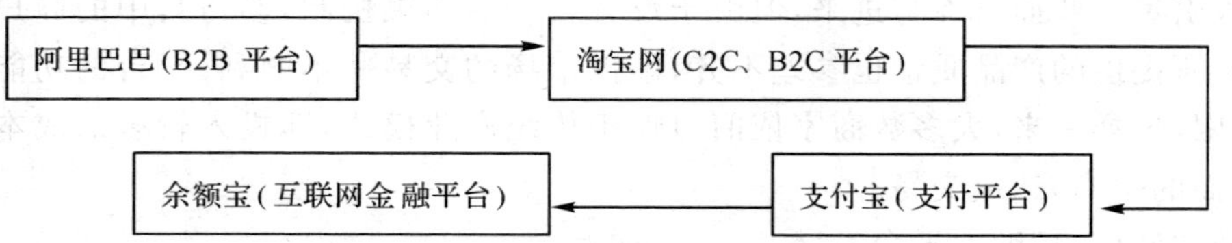

图1 阿里巴巴集团平台的搭建和发展

(二)产业融合——全面整合平台资源

互联网依托云计算、社交网络、搜索引擎和支付平台与传统的金融业融合形成了互联网金融。在中国互联网金融发展之前，马云曾对阿里巴巴集团的发展进行规划部署——“平台、金融、数据”。凭借网络技术，2013年阿里巴巴集团逐步涉足理财、保险、基金等传统金融领域。利用平台的长尾优势，阿里巴巴集团充分挖掘平台连接的行业资源，营造一个集生产加工、物流配送、金融服务等为一体的产业链，在平台的一端进行技术和理念的革新以打通金融领域，在另一端利用平台优势积累各种数据和信息。作为中国最大的电子商务平台，阿里巴巴集团的平台集聚了大量的优质客户群，在大数据时代，各环节工作正常运转就可以顺理成章地积累大量数据信息，透过数据窥视出新的规律，新的业务，形成良性产业循环。

阿里巴巴的支付宝实行信用中介“虚拟账户支付”模式。在下游，随着智能移动设备的普及应用，支付宝逐步延展在大众生活中进行移动支付。现在，除了使用支付宝进行网络购物之外，线下和海外很多商家也在支持使用支付宝进行交易支付服务，涉及公共事业缴费、实体购物、网络游戏、交通、教育缴费、旅游、物流缴费等多种行业和领域。在上游，阿里巴巴挖掘支付宝的互联网金融功能，进军货币市场、基金市场。近年来，阿里集团连续投资收购多家企业，包括电子商务、互联网软件和服务、移动软件和服务、移动商务、体育和娱乐、出版、服装服饰等。“淘点点”的推出是阿里集团整合高德地图进军餐饮行业的成功，而服装领域的“微淘”，领军宝宝军团的余额宝，斥资10亿的快的打车，均实现了产业资本与金融资本的融合。

与阿里抗衡的腾讯计算机系统有限公司，从国内首屈一指的社交通讯服务QQ到炙手可热的微信平台，腾讯与王府井百货等百货企业、传统餐饮业、服装业进行合作，投资涉及京东、58同城、人人贷、大众点评、滴滴打车、丁香园、艺龙、好乐买等众多领域，利用微信支付同样实现了传统产业、金融与互联网的融合。产业融合是双向甚至是多向的，包括互联网企业进军传统金融领域、融合传统行业，也包括传统金融业向网络商业领域的扩张，以及传统行业的逐步网络化、电商化。

三、互联网金融企业成功的经验分析

(一)发挥平台经济优势

阿里巴巴集团利用平台优势进行业务创新和市场发展，这在网络时代对于企业的发展来讲是一个值得称道的战略。阿里集团对传统行业的介入也是通过平台逐步进行吸收和整合的，不断进行平台的升级和创新，多平台相互衔接，构造企业内部和外部互通有机组织。阿里巴巴从B2B的商用平台开始，进而成立大众平台淘宝网，建立支付宝提高网络交易率，又顺应形势推出网络商城天猫B2C平台，进军线下购物支付通道，提供便民支付系统入口，简化理财流程，构建成了多边平台经济。

从经济学的角度来看，平台经济的优势还在于平台使用的边际成本和规模效益。从阿里集团的成功可以看出，平台经济下的企业利用平台客户的黏性，在其发展到一定程度之后，使用频率、范围和规模会呈现指数级增长。随着平台使用率的增加，边际效用也随使用率呈现递增，其边际价值的提高使得平台经济凸显其规模经济优势。在阿里集团推出余额宝之后，余额宝很快得到社会大众认可，短时间内名列前茅，迅速冲击了传统的货币基金市场和其他的金融业理财产品，这也是得益于支付宝这一平台优势的发挥。

（二）整合资源产业融合

传统经济的发展需要社会进行专业化分工，而在网络经济的发展下，虚拟市场把分工之后的专业化产业融合在一起，在网上平台中进行产品的推广和交易，成熟的平台就成为各产业合作共赢，进行资源优化配置的重要途径。互联网金融综合了互联网“广传播”和金融服务“专业化”的优势，为企业的金融需求、个人理财规划等内容提供服务，可以令社会广泛的金融行为更加高效、更加有效。

在网络经济的背景下，阿里集团通过搭建平台，为用户提供交易场所促进平台的发展，为平台用户带来利益的同时，也给自己带来商机。在优化已有平台的基础上，阿里集团整合社会闲散资源，把大众用户、供货商、物流系统、传统金融机构等整合至淘宝、支付宝平台，创造发展新业务，使各个平台无缝对接，构造庞大的阿里巴巴生态系统。

在加强内部整合的基础上，阿里集团不断发展新的合作伙伴。阿里集团与传统金融机构合作，建立进入金融通道；与苏宁电器、美的家电等合作，进军家电市场；与银泰商业合作，成立合资平台公司，加入实体商场；与中国邮政达成战略合作，利用中国邮政网点遍布全国县城、乡镇和农村等特点，惠及物流系统无法达到的边缘地区；与运输系统合作，据悉中国铁路订票系统12306网站已将车票查询业务放到了阿里云计算平台；等等。阿里集团的经验表明，在网络经济大背景下，发展为成功的互联网企业需要立足自身平台基础，与传统产业加强合作，勇于创新，突破自我，优化资源配置，改善升级原有的经营模式和生态系统。

（三）服务＋让利＝盈利

传统金融服务以金融机构为中心，只有少量大额优质客户是银行和其他金融服务的重点，处于长尾的大多数小额散户常处于排队等待服务状态，传统金融服务在网络时代已经不能满足用户的需求，排队和流程是其弱势。网络和技术的优势可以让企业把传统一对多的金融服务，转化成自助或者一对一服务相结合的方式，节约了时间，降低了成本，增加了客户认可和满意度。简化服务流程，注重用户体验是衡量当代金融服务的一个重要的指标，互联网金融开放式的平台和人性化的服务，让互联网金融企业能为大众迅速接受。

阿里集团的优势不仅在于以用户为中心的服务机制，还在于从用户利益出发，让利用户，在用户获利的基础上盈利。余额宝的推出就是最好的例证，让用户充分利用支付平台的余额进行理财是基础，便捷的出入口以及比市场低的管理费率是可行性的佐证，据统计余额宝总的管理费率是年化 0.63%，低于市场的货币式基金管理费率 0.8%，更低于基金公司债券型基金、低风险基金 1%的管理费率。让利给用户，让参与用户享受到实际的利益是余额宝的宗旨，自 2013 年 6 月 13 日余额宝正式推出之后，其 7 日年化收益率是 6.3%，远高于银行存款收益率，这带来大量的资金涌入。余额宝面世 18 天时其规模已达到了 66 亿元。

（四）布局移动金融

移动智能设备的普及让人们的生活更加便利，这些智能设备的开放系统给互联网金融企业带来了新的市场机会。信息社会，人们生活节奏较快，金融活动呈现碎片化的模式，于是人们产生了新的市场需求——移动金融模式。人们的商务活动和移动支付结合起来，支持人们在任何时候、任何地点快速接入网络，完成各项金融活动。移动金融是互联网金融提供的更加全面、更加丰富的一体化服务系统。

无论从阿里巴巴到蚂蚁金服还是从京东商城到京东金融，又或者是从腾讯QQ 到微信再到微信支付，如今互联网巨头们的产业布局最终都落在了互联网金融这个大蛋糕上，而基于移动互联网的发展，移动金融也成为了巨头们的必争之地。日前京东金融发布其 APP3.0 版本，定位为一站式金融生活移动平台，主打理财＋消费，在支付和社交领域领先的阿里、腾讯，不久前推出了蚂蚁聚宝 APP 及微众银行 APP，都将目光聚焦于移动端。

相对于互联网金融其他金融服务模式，移动金融拥有更大的、更年轻的客户群体，在韩国、日本等其他国家，移动金融已经成为代替传统支付的一种支付手段。在我国，移动金融已经开始普及，支付宝已经在线下进行布局，在一般的商场、店铺都可以使用支付宝进行交付。移动金融服务将成为今后我国金融服务的主要方式，将成为社交和生活支付的主要手段。未来无论是互联网金融企业还是传统金融，移动金融都是发展风向标。

【参考文献】

[1] 李二亮．互联网金融经济学解析：基于阿里巴巴的案例研究 [J]．中央财经大学学报，2015(2)：33-39.

[2] 伦墨华，李建军．互联网金融模式下各参与主体的竞争博弈分析 [J]．商业时代，2014(7)：71-73.

[3] 芮晓武，刘烈宏．互联网金融蓝皮书：中国互联网金融发展报告(2014)[M]．北京：社会科学文献出版社，2014.

[4] 来继泽．中国互联网金融发展研究：以阿里巴巴集团为例[D]．长春：吉林大学，2014.

互联网金融的现实与未来展望[①]

浙江金融职业学院信息技术系　邱　勋

内容摘要：现代信息与互联网技术的不断进步，深刻地改变甚至颠覆了众多传统行业。近年来，金融业成为继商业分销、传媒之后受互联网影响最为深远的领域，许多基于互联网的金融服务模式应运而生，正逐步改变传统金融业的价值创造和实现方式，重构金融业竞争格局，对传统金融业的经营和管理带来深远影响。本文分析了互联网金融在我国兴起的背景，阐述了互联网金融发展的现状，并对互联网金融的发展趋势进行了展望。

关键词：互联网金融　P2P 网络借代　众筹模式　互联网理财

一、引言

2013 年 6 月 13 日，电商巨头阿里巴巴与天弘基金推出国内首支互联网基金，以嵌入支付宝中的余额宝进行直销，余额宝只花了区区 9 个月的时间，规模就蹿升到 5412 亿元，与经营了 10 年的浙商银行总资产相当，名不见经传的天弘基金惊世一跃成为我国规模最大的基金公司，余额宝净资产规模名列全球货币基金第三。此次互联网与金融深度融合的惊艳表演，极大程度上颠覆了民众对传统金融的价值观、服务模式和产品形态的认识，并强力地带动了互联网金融其他模式，如 P2P、众筹和直销银行等模式的发展。2013 年因此也被称为互联网金融“元年”。互联网金融本着“开放、平等、协作、分享”的互联网精神，打破金融行业的高门槛限制，以灵活、快捷、低成本的方式，为传统金融的“长尾市场”——中小客户群体和小微企业资金需求服务，彰显出强烈的普惠金融价值，在我国开始受到政府和全社会前所未有的高度关注。

---

① 项目资助：浙江省金融教育基金会 2014 年度一般项目（2014Y01）。课题组成员：邱勋，郭福春，陈月波。（主要执笔人：邱勋）

作者简介：邱勋，男，（1979—　），讲师，主要研究方向为互联网金融。

二、互联网金融在我国兴起的背景

互联网金融在我国的爆发，貌似偶然，其实必然，背后有着深刻的原因。在这些原因中，有些是全球性的，有些则为我国所特有。

（一）全球的互联网金融快速发展

在国外，无论是经济发达的欧美和澳洲，还是经济欠发达的非洲和亚洲部分国家，互联网金融都得到快速的发展和应用。在欧洲，英国是互联网金融最发达的国家，2005 年 3 月全球第一个 P2P 网络贷款公司 Zopa 就诞生在英国，英国也是最早允许股权众筹的国家，英国金融行为监管局（下称：FCA）制定了大量互联网金融监管规则；在美国，互联网金融可追溯到 1994 年的全球第一家网络银行 SFNB（安全第一网络银行），后来陆续成长出全球著名的第三方支付 Paypal 公司、P2P 公司 Lending Club、商品众筹平台 Kickstarter 和股权众筹平台 AngelList；在非洲的肯尼亚 M-PESA、南非的 Wizzit 及在亚洲的马来西亚的 G-cash 手机银行堪称利用互联网金融推进普惠金融服务的典范。毋庸置疑，国外互联网金融的快速发展给我国互联网金融的发展产生了强烈的示范效应和提供了宝贵的经验。

（二）国家政策的大力支持

在我国，金融行业是一个政府高度管制的行业。互联网金融的本质还是金融，互联网金融火爆的背后离不开国家政策的支持和宽松的监管环境。2013 年 3 月 13 日，央行行长周小川在出席十二届全国人大一次会议时表示，对以阿里巴巴为代表的互联网企业开创的新型金融模式将给予支持；2013 年 8 月 12 日，国务院办公厅发布了《关于金融支持小微企业发展的实施意见》（下简称《意见》）。《意见》提出，“充分利用互联网等新技术、新工具，不断创新网络金融服务模式”；2013 年 11 月 12 日，中共十八届三中全会通过了《中共中央关于全面深化改革若干重大问题的决定》，决定正式提出“发展普惠金融，鼓励金融创新，丰富金融市场层次和产品”；2014 年 3 月 5 日，李克强总理在第十二届全国人大会议中指出，“促进互联网金融健康发展，完善金融监管协调机制”，这是“互联网金融”首次被写入政府工作报告；2014 年 5 月，央行发布《中国金融稳定报告（2014）》，以“互联网金融的发展与监管”为题进行了专题阐述；同月，国务院发布了《进一步促进资本市场健康发展的若干意见》（简称“新国九条”），“新国九条”指出，“要促进互联网金融健康发展，支持有条件的互联网企业参与资本市场”；2014 年 8 月 14 日，国务院办公厅发布了《关于多措并举着力缓解企业融资成本高问题的指导意见》（下称“国十条”），意见提到“尽快出台规范发展互联网金融的相关指导意见和配套管理办法，促进公平竞争”。此外，中央电视台也先后多次正面报道互联网金融的动态。央视新闻联播以“小微金融：网络新生态，融资新模式”为专题，报道了 P2P 网贷公司“翼龙贷”；9

月1日，以“经济新动力”为题报道了理财产品搜索平台“91金融超市”；11月15日，以“改革发展新景象”为题报道了国内众筹平台“天使汇”。由此可见，政府层面对互联网金融的认可和支持，无疑为互联网金融创造了极好的发展氛围。

（三）互联网企业积累的海量数据和技术创新可以用于金融活动

我国的互联网企业，特别是以BAT（百度、阿里巴巴和腾迅）为代表的电子商务企业，其业务与其他行业之间的界限日渐模糊，近而形成网络共享经济。网络共享经济与互联网金融两者有天然的紧密联系。网络共享经济为互联网金融提供了应用场景，也为互联网金融打下了数据和客户基础，而互联网金融又进一步加快了网络共享经济的发展，在这两种模式良性的螺旋上升发展过程中，互联网企业积累了海量的用户活动数据。互联网企业利用云计算和大数据技术等新一代信息技术，对其积累的海量活动数据进行深度的数据分析与挖掘，用于对客户快速准确的信用评估、风险定价和风险控制。另一方面，互联网企业初期都投入了大量的沉没成本，通过互联网，理论上可以无限地吸纳用户，而在此过程中边际成本几乎为零。这样就使得互联网企业能够低成本、快捷地为传统金融机构无法覆盖的个人客户和小微企业提供服务。

（四）我国金融体系中的扭曲因素为互联网金融发展创造了空间

长期以来，我国的正规金融企业得益于政策红利，坐享高额垄断收益，没有动力去服务中小微客户。因此，个人、小微企业和“三农”的金融需求被强烈抑制，以银行为核心的正规金融机构根本无法有效支持经济结构调整产生的大量信贷需求。另一方面，众所周知，金融业利润极高，比如2011年、2012年、2013年连续三年，在沪深两市16家上市银行的净利润与沪深两市所有上市公司总净利润之比均超50%，所以各类资本都有进行入银行业的积极性。在这样的背景下，互联网金融主要针对个人和小微企业的贷款需求、一些创意性项目的类股权融资需求和老百姓的投资理财需求以及金融产品销售的“去银行渠道化”，有着大量的需求和广阔的空间。

三、互联网金融在我国的发展现状

互联网金融在我国发展迅猛，新的业务模式不断地推陈出新，而且诸多业务模式之间不存在清晰的界限。为了便于讨论，我们将互联网金融划分成五种类型。

（一）金融互联网化

金融互联网化体现利用互联网渠道优势，结合便捷化和可得性创新来提供金融服务，体现为对传统金融中介的物理网点和人工服务的替代。包括：（1）直销银行。央行今年2月从政策上支持商业银行开设直销银行布局线上创新业务。国内正式推出直销银行业务的有民生、兴业、平安等9家银行。（2）理财产品网络销售。

网络理财主要是互联网货币基金，以余额宝、百度百赚和各家银行的“宝宝产品”为代表。随着各家银行“宝宝产品”的推出，其收益率要好于互联网企业的“宝宝产品”，银行“宝宝产品”将更具吸引力。(3)网络保险公司。2013 年 10 月，国内首家互联网保险公司众安保险上线，标志我国进入了纯网络保险公司时代。(4)网络证券服务。2014 年 2 月 20 日，首支互联网金融产品“佣金宝”正式上线，投资者通过腾讯股票频道进行网络在线开户，即可享受万分之二的交易佣金。不到 2 个月内，佣金宝业务开户数已近 10 万。

(二)第三方支付与移动支付

第三方支付起源于电子商务信用保证环节，第三方支付为电商交易提供信用保证。目前持有第三方支付牌照单位共 269 家。2013 年第三季度我国第三方互联网支付市场交易规模达 1.42 万亿元，环比增速 26.7%。其中，支付宝占比达 49%，位居第一。移动支付主要指通过移动通信设备，利用无线通信技术来转移货币价值以清偿债权债务关系。2013 年第三季度我国第三方支付移动支付市场交易规模达 1.21 万亿元，同比增长 707%，其中支付宝占比达 58%，居第一位。

(三)P2P 网络借贷

P2P 网络贷款是一种互联网上个人对个人借贷模式，由于较强的金融属性，是互联网金融的核心模式之一。《中国互联网金融报告(2014)》显示，截至 2014 年 6 月，P2P 网贷平台数量达到 1263 家，半年成交金额接近 1000 亿元人民币，接近 2013 年全年成交金额。随着平台数量与交易额的快速增长，P2P 也出现新的形势和新的特点。

1. 传统金融机构纷纷布局 P2P 业务

银行业、保险业和证券业通过不同的路径和模式纷纷布局 P2P 业务。目前已经有招商银行、民生银行等 5 家银行涉足 P2P 领域；保险业则为 P2P 平台提供信用保险模式介入 P2P 业务。2014 年 5 月，中国人寿财产保险股份有限公司为 P2P 平台“财路通”提供信用模式，开启保险业进军 P2P 的大幕。证券业则通过注资 P2P 平台成为其战略合作伙伴抢占 P2P 市场。2014 年 6 月，广发证券对 P2P 平台“投哪网”进行战略投资，这也是国内首家券商与 P2P 平台进行战略合作的案例。传统金融机构纷纷布局 P2P 业务，极大提高了 P2P 网贷的社会关注度和认可度，P2P 市场格局也将重新划分。

2. 风险资金密集进驻 P2P 平台

2014 年，“有利网”“易贷网”“积木盒子”“拍拍贷”和“人人贷”等 P2P 平台都获得千万美元以上的投资。风险资金密集进驻 P2P 平台使中国 P2P 行业获得极大振奋和鼓舞。

3.平台模式分化和客户进一步细分

不同平台依据自身特征对P2P借贷业务的理解形成多种不同模式，并开始针对特定类型的用户开展借贷服务，以提高风控水平。比如有针对车押贷、房押贷、票押贷和对中小企业贷(P2B)。专门的P2B平台也开始涌现，现已成为P2P平台主要的转型升级方向。

4.监管细则即将出台

P2P由于缺乏监管，进入门槛极低，仍处于野蛮发展的阶段，"挤兑""跑路"事件如影随行。在全国可查的1200多家P2P中，到2014年7月份为止跑路的已经有150家，每月有六七家跑路。全社会对P2P加强监管的呼声日益高涨。2014年3月，P2P平台正式划入银监会监管，银监会也对P2P画出四条"红线"并在2014年底出台监管细则。

(四)互联网众筹模式

互联网众筹是通过互联网向众人筹集小额资金为某个项目或企业融资的模式。在我国主要分为商品众筹和股权众筹。

1.商品众筹

商品众筹为投资者提供具体的实物回报。为避免触碰非法集资红线，我国商品众筹平台大多采用"预售"形式对众筹程序进行规范。商品众筹早期以草根创业平台"点名时间""追梦网"为代表。随着众筹的发展，电商巨头淘宝、百度和京东开始涉水商品众筹。但由于缺乏监管与有效协调机制，以及筹资者水平不一，商品众筹频频出现"跳票"现象(即不按约定提供商品)，再加维护成本较高和激烈的市场竞争，大多草根商品众筹平台在苦苦支撑。2014年8月4日，著名商品众筹平台"追梦网"突然宣布放弃"众筹"而转型为电商化的智能硬件限时抢购平台，让人为商品众筹在我国的生存"犯愁"。

2.股权众筹

股权众筹为投资者提供的回报不是产品，而是可以获得未来收益的公司股权。在我国，股权众筹发展的环境并不成熟，但2014年股权众筹也被认定为我国多层次资本市场的重要组成部分，归属证监会监管。证监会着手制定其发展监管意见。因此，股权众筹在我国即将迎来历史发展机遇。我国股权众筹采用"领投＋跟投"方式进行募资，通过"线上＋线下"两段模式来完成投融资过程，以提高融资的成功率和规避法律限制。值得注意的是，股权众筹的另一个分支房地产众筹在国内有星火燎原之势，以中国平安为代表的传统金融机构以海外购房项目布局"房产众筹"受到强烈关注。

(五)基于大数据的网络贷款

基于大数据的网络贷款是指运用大数据和云计算等新一代信息技术对客户海

量的网络行为数据进行分析和挖掘，从而对客户进行快速征信、评级和放贷的一种网络贷款模式，最能体现出互联网金融相对传统金融在风控、定价和成本上的优势。成立于2010年的阿里小贷是大数据网贷的典型代表，其主要针对的是阿里闭环圈中的“诚信通”、淘宝和天猫三个平台客户。利用大数据的网络贷款，阿里小贷成立3年半以来，累计放贷65万户，累计投放贷款超过1600亿元，户均贷款余额低于4万元，不良贷款率控制在1%以下。

四、我国互联网金融发展展望

(一)互联网金融远未成形，新的模式将层出不穷

互联网金融是一个弹性很大、极富想象空间的概念，是一片新兴的蓝海，其发展远未成形，新的模式将层出不穷。笔者认为主要有三个原因：一是信息科学技术，特别是人工智能技术将不断得到突破，并不断推动金融创新。比如，计算机人脸识别技术在2014年就获得重大突破，其人脸识别能力已超过人类肉眼，这有可能解决互联网金融中身份认证难题；智能穿戴的发展进一步推动互联网金融业务的即时化。以支付手环为例，未来用户“挥挥手”就能完成支付。二是互联网金融服务细分市场将不断挖掘。互联网金融在我国大爆发后，传统金融机构和互联网企业都在积极布局互联网金融市场，并利用自身优势，开始深耕细分市场，形成差异化竞争。比如，民生电商推出的“票据贷”P2P模式；阿里小微金融推出的“招财宝”平台金融模式；团贷网推出的“房宝宝”众筹买房模式。三是互联网金融将不断挖掘并满足个人和中小微企业个性化和快速多变的金融服务需求。众所周知，由于我国金融体系的结构性问题，传统银行无法覆盖众多个人和中小微企业个性化和快速多变的金融服务需求，而互联网金融则能通过快速的迭代创新来满足这些客户的金融需求，也将不断产生出新的互联网金融模式。

(二)大数据征信将成为互联网金融发展的关键，数据共享势在必行

互联网金融的本质是金融，信用是金融的根基和生命。互联网金融的主要优势在于利用云计算、大数据技术对用户活动数据进行挖掘和分析，进行快速准确的信用评估及风险定价。但是，我国征信体系还相当不完善，央行征信系统也不向互联网金融企业开放，同时，互联网金融企业之间交易数据也没有实现共享。由于缺乏足够的可靠数据，大多互联网金融企业只能线下征信，导致极大地提高了运营成本，并没有发挥互联网金融的技术优势。所以，互联网金融企业在主观上有强烈的数据共享的愿望，以尽可能地消除投融双方的信息不对称，有效降低投融双方的风险，但是因为缺乏公平有效的数据共享的机制和平台，互联网金融企业数据共享暂时陷入了“囚徒困境”。在另一方面，监管层也意识到“征信难”成为互联网金融发展的核心障碍，也在积极准备将互联网金融的交易信息逐步接入央行征信系统，推

动互联网金融企业之间数据共享，引导互联网金融企业将竞争着力于产品、风控和用户体验上而非隐藏信息重新构建信息不对称从而获得竞争优势，这既促进互联网金融的透明化、阳光化，又能健全和完善社会信用数据。

（三）互联网金融将受到法规的监管，监管方式将与时俱进

由于监管缺失，互联网金融的市场准入与市场监管的成本极低，极利于互联网金融企业利用“用户体验至上”的原则和理念，不断变向突破传统金融业诸多以“审慎稳健”为基准的业务规则框架，从而进行监管套利。“无规矩不成方圆”，互联网金融过于强调互联网精神，急剧增加了互联网金融的风险，特别是 P2P 网贷和股权众筹业务。我国政府亦非常关注互联网金融发展初期暴露的问题，在 2014 年 7 月出台的“国十条”明确指出，“尽快出台规范发展互联网金融的相关指导意见和配套管理办法，促进公平竞争”，因此，可以预见，互联网金融即将受到明确的法律规范和监管，监管套利空间会极大压缩，线上线下将公平竞争。在监管方式和手段上，监管层面对互联网金融企业数量的迅猛攀升、业务发展快速多变和风险传播迅速的现实情况，唯有及时乃至实时掌握互联网金融的交易和行为信息，并采用差异化、算法化、自动化的监管方式才能对互联网金融进行有效监管，所以基于大数据的科技化监管是互联网金融的监管方式和手段的重要发展方向。

（四）互联网金融将不断提高金融业的虚拟化，金融业态逐步重新构建

马云曾说过“银行不改变，那就改变银行”，互联网金融企业对传统金融业挤压造成的经济损失是浅层面的，最大的损失在精神层面。广大群众开始意识到传统金融不但没有小客户价值意识，而且对其极度缺乏人文关怀，所以传统金融业在一片危机和批评声中开始改变，并深刻反思“跑马圈地”的发展模式和“二八”客户服务理念，纷纷将互联网金融作为重要的发展战略，加快自身的民主化、网络化和人文化的金融服务和产品建设，同时与互联网企业进行积极融合，参与和分享互联网共享经济。可以预见，互联网金融将在近几年内重构金融业形态，包括管理理念、发展战略、产品设计、服务流程和业务模式，让整个金融业得到重生。以谢平为代表的学者认为，商业银行等传统金融中介机构最终将消失，所有账户只需要中央银行开设和管理。但笔者认为这不可能，因为，其一，信息不对称无论技术如何发展都存在，既然存在，就需要中介，只不过成本和形式不同而已；其二，金融中介本身也在不断地变革和创新来适应时代的要求和发展，加之其强大的风控、资源和信誉优势，技术不可能完全取代。所以，我们认为未来的以商业银行为核心的金融中介一定存在，但给客户的认识将逐步演变为一种“云”服务形式，而不是一幢大楼或诸多实体网点。

五、总结

全球的互联网金融快速发展，国家政策的大力支持，互联网企业积累的海量数据和技术创新可以用于金融活动和我国金融体系中的扭曲因素，这为互联网金融发展创造了空间等四重因素共振，促使了互联网金融在我国的爆发。互联网金融可划分为金融互联网化，第三方支付与移动支付，P2P网络借贷，互联网众筹模式和基于大数据的网络贷款五种类型。展望未来，我们认为互联网金融远未成形，新的模式将层出不穷；大数据征信将成为互联网金融发展的关键，数据共享势在必行；互联网金融将受到法规的监管，监管方式将与时俱进；互联网金融将不断提高金融业的虚拟化，金融业态逐步重新构建。

【参考文献】

[1] 邱勋.余额宝对商业银行的影响和启示[J].新金融，2013(9).

[2] 谢平，邹传伟，刘海二.互联网金融手册[M].北京：中国人民大学出版社，2014.

[3] 李博，董亮.互联网金融的模式与发展[J].中国金融，2013(10).

[4] 邱勋.多维视角下我国直销银行发展的思考[J].西南金融，2014(3).

[5] 邱勋."互联网信托"P2B网络借贷模式探析[J].新金融，2014(3).

[6] 邱勋，陈月波.股权众筹：融资模式、价值与风险监管[J].新金融，2014(9).